Ⓢ新潮新書

釈 徹宗
SHAKU Tesshu

天才 富永仲基

独創の町人学者

875

新潮社

天才　富永仲基　独創の町人学者　目次

序　早すぎた天才

天才の条件

富永仲基《とみながなかもと》は天才である――。

それを最初に言ったのは内藤湖南《こなん》でしょう。内藤は仲基のことを「日本が生み出した第一流の天才」と評しました。

内藤湖南は、漢学・儒学の流れを汲む東洋史研究者です。埋もれていた典籍を発掘・研究した人としても知られています。

大正十四（一九二五）年、内藤は「大阪の町人学者富永仲基」という講演において、仲基を稀代の天才であると紹介し、仲基の研究がどれほどすごいものであるかを述べています。この講演は、大阪毎日新聞が一万五千号を発行した記念に行われたものでした。今日にも伝わる名講演であり、富永仲基を大いに顕彰する内容となっています。内藤はすでに明治中頃から富永仲基についての文章を何度か発表しており、歴史に埋没しそうになっていたひとりの町人学者へ光をあてることに成功したと言えるでしょう。

内藤湖南だけではありません。

東洋史学者の石濱純太郎、評論家の山本七平《しちへい》、日本文学者の水田紀久《のりひさ》、宗教学者の姉崎正治、哲学者の井上哲次郎、仏教学者の村上専精《せんしょう》、インド思想学者の中村元《はじめ》など、多くの人たちが富永仲基の天才性を高く評価しています。

天才の条件とは何でしょうか。

もちろん〝独創性〟を挙げることができるでしょう。そしてそれは〝同時期の人たちには、なかなか理解されない〟ことと表裏の関係となります。誰もがすぐに「それはそうだな」と理解できる内容や思想では、たいした独創性と言えませんから。

さらに、〝早熟〟ということも加えてよいのではないでしょうか。つまり、多くの人が長年にわたる研鑽・努力で到達する地平へと、早い段階でやすやすと飛躍してしまう。それが天才というものでしょう。

このような条件で考えるならば、富永仲基はまさに天才の呼称にふさわしい人物です。独創的で、長い間にわたって理解されず、早熟・早逝の人生でした。

仲基のオリジナリティ

富永仲基は十八世紀を生きた大坂の町人であり、市井《しせい》の学者です。正徳五（一七一五）年に生まれ、三十一年ほどの短い生涯でした。はじめに儒教を学び、独自の手法で仏教経典を解読しました。そこで展開された加上《かじょう》説は今なお輝きを失っていません。他にも言語論や比較文化論などを駆使したオリジナリティの高い思想で、儒教・仏教・神道を批評しています。

現在、逝去する約九カ月前に刊行された『出定後語《しゅつじょうごご》』と、約六カ月前に刊行された『翁《おきな》の文《ふみ》』、そして『楽律考《がくりつこう》』という未刊行の書の清書本が現存しています。

それらの著作によってわかるのは、仲基のオリジナリティあふれる方法論や思想です。詳しくは後述しますが、次の五つを押さえておいてください。

1.「加上」

思想や主張は、それに先行して成立していた思想や主張を足がかりにして、さらに先行思想を超克しようとする。その際には、新たな要素が付加される。それが仲基の加上説です。つまり、そこにはなんらかの上書き・加工・改変・バージョンアップがなされているとするのです。

2．「異部名字難必和会《いぶみょうじなんひつわかい》（異部の名字は必ずしも和会し難《がた》し）」

同じ系統の思想や信仰であっても、学派が異なると用語の意味や使い方に相違が生じ、所説も変わる、そのつじつまを無理に合わせようとすると論理に歪みが生じる、とする立場です。

3．「三物五類」

言語や思想の変遷に関するいくつかの原則です。三物とは、①言に人あり、②言に世あり、③言に類ありの三つを指します。①は学派によって相違するということ。②は時代によって相違するということ。③は言語の相違転用のパターンを五つに分類したもので、〝張〟〝泛《はん》〟〝磯《き》〟〝反〟〝転〟を挙げています。これが「五類」です。

4．「国有俗（国に俗あり）」

思想や信仰には文化風土や国民性が背景にあることを指摘したものです。仲基は「くせ」とも表現しています。言葉には三物五類の諸条件があって、思想や教えが分かれる。さらに、国ごとに民俗・文化・風土の傾向があって、そのために説かれる思想・教えが異なっていく、ということです。

5.「誠の道」

どの文化圏や宗教においても共有されているもので、人がなすべき善を実践していく道を指します。「道の道」とも表現しており、〝人が道として歩むべき真実の道〟だと仲基は考えました。

1から4は、いずれも現代の人文学研究において前提となるべき態度であると言えるでしょう。しかし、十八世紀の日本に、このような方法論を独自に構築していた人物がいたのです。

大乗非仏説論

さて、富永仲基と言えば「大乗非仏説論」の先駆者として知られています。「大乗非仏説論」とは、大乗仏教の経典は釈迦が説いた教えではないとする説です。江戸時代の半ばにおいて、仏教の思想体系を根底から揺さぶる立論を、世界に先駆けて世に出した人物が富永仲基です。しかも、それを独力で成し遂げたのですから、内藤湖南をはじめ、数多くの人たちが〝天才〟と評するのも無理はありません。

実は大乗仏教が釈迦の説いた教えではないという議論は、インドでも古くから論じられてきたことです。本文中でも触れていますが、たとえば紀元四～五世紀において、無《む》着《じゃく》と世《せ》親《しん》が『大乗荘厳経論《だいじょうしょうごんきょうろん》』でこの問題に応答しています。

ただ、仏典を思想史的に解明するという方法論をとったのは、やはり富永仲基が世界で初めてだと言えます。

仲基が蒔いた種は、その後、国学者たちの仏教批判を生み出し、近代における大乗非仏説論争の源流となりました。哲学者の井上円了《えんりょう》や宗教学者の姉崎正治、真宗僧侶の村上専精らによる近代知性と仏教学の展開によって、大乗非仏説問題は今日においてもしばしば俎上に載せられています。そして、今日の議論を通して考察しても、仲基の立論は色あせるものではありません。仲基の眼力がいかにすごかったかがわかります。

仲基は加上説によって、「阿含《あごん》」→「般若《はんにゃ》」→「法華《ほっけ》」→「華厳《けごん》」→「大集《だいじつ》・涅槃《ねはん》」→「頓部楞伽《とんぶりょうが》」→「秘密曼陀羅《ひみつまんだら》」といった仏教思想の展開を推論しました。

簡単に説明すると、最初は釈迦の直説《じきせつ》（直接説いた教え）から始まったものが、文字化されずに口伝だったので、いろいろ加上や分派があって、阿含経典群が成立。そこから空《くう》を主張する般若経典や『法華経』(今で言うところの初期大乗経典群)、そして『大集経』や『涅槃経』(中期大乗経典群)や『楞伽経』(禅宗を指します)、最終的に密教経典群(後期大乗経典)が生まれたと考えたのです。これは、おおよそ現代の研究結果と符合しています。

他にも、「大乗仏典にも異なる系統がある」といった慧眼や、宗教聖典の権威性に足をすくわれることなく読みこんでいく姿勢や、荒唐無稽な話を単に揶揄するのではなく文化という側面からアプローチするところなど、注目すべき点はいくつもあります。

近代になって再発見

仲基を天才と評した内藤湖南は、彼の方法論に注目しました。

学問上の研究方法に論理的基礎を置いたということが既に日本人の頭としては非常にえらいことであります。その外に宗教・道徳に国民性の区別があり、時代相の区別があると、あらゆる点に注目して居ります。これが我々の非常に尊敬する所以《ゆえん》であって、恐らく日本が生み出した第一流の天才の一人であると言っても差支《さしつかえ》ないと思うのであります。(講演「大阪の町人学者富永仲基」)

確かに仲基は、西洋近代の学術方法論を学んだわけでもないのに、独自の工夫で同様の方法論を編み出したのですから驚嘆すべきことでしょう。

このことは、その後、湖南門下の東洋学者で重視されるようになります。たとえば武内義雄『支那学研究法』(岩波書店、一九四九年)では、仲基の「加上」法運用がいかに効果的であるかが語られています。

他に東洋史学者の石濱純太郎は、仲基の伝記を書き、仲基はすべてから解放された独創性をもつと絶賛しています。

あるいは、評論家・山本七平は「現代の日本で、仲基の思想を根本から否定する日本人はおそらくいないであろう」(『日本人とは何か。』下巻、PHP文庫、一九九二年)として、仲基の自由な思想展開を讃えています。

宗教学者の姉崎正治は二十六歳の時、『仏教聖典史論』(一八九九年)において、仲基の仏典批判とクリスチャン・パウルの聖書批判とを東西宗教書批判の二大先駆書として、「此の如き数千年の葛藤中に処し、特に歴史的感覚に乏しき東洋に出で、明朗なる判断、鋭利なる批判力を具《そな》えて、之《これ》に兼ねるに該博の学識を以《もっ》てし、仏典に歴史的批評を与えたる富永仲基氏の如きは、詢《まこと》に泥中の蓮たらずんばあらず」と評しています。

哲学者の井上哲次郎も『日本陽明学派之哲学』（一九〇〇年）で、『出定後語』を「仏書の批評として頗《すこぶ》る注意すべきもの」と述べています。

そして仏教学者・村上専精は『大乗仏説論批判』（一九〇三年）の「第三章　近世日本に於ける大乗仏説論」において「富永仲基氏の大乗仏説論」を論じています。

他にも数多くの人々が仲基に注目しており、ここではとても書ききれません。

著作を概観する

仲基の魅力を知るには、どうしてもその著作を読まねばなりません。中でも主著である『出定後語』を読むことが必要でしょう。しかし、上下二巻の分量があり、けっこう難解なのです。たとえば、江戸時代の学僧や国学者の多くは、単なる仏教批判書として扱ってしまいました。しかも、かなりの誤読を含んでいます。『出定後語』は、今日の仏教学の研究結果を踏まえなければ、誤読する可能性は高いと思います。

本書では、かなり抄訳・意訳することで、特別な知識なしでも読めるように、できる限り工夫しています。

さらに、死の半年前に上梓した『翁の文』で語られた「誠の道」「道の道」とは何なのか。これについても『翁の文』を概観することで考えてみたいと思います。なにしろこの「誠の道」については、これまで多くの論者が酷評してきた部分なのです。

また、『楽律考』の内容も紹介します。これまであまり知られていない仲基の一面を知ることができると思います。

それでは、ご一緒に富永仲基の思想をひもといてみましょう。

引用文の扱いですが、旧字体を新字体にしています。旧仮名づかいはそのままです。適宜、ルビも振りました。また、【読み下し】【現代語訳】とあるのは、すでに公刊されているものの引用で、【大意】とあるのは著者による意訳です。

第一部　富永仲基とは何者だったのか

1. 富永仲基略伝

まずは富永仲基の略伝を見ていくことにしましょう。

序文でも書きましたが、わずか三十一年ほど（数え年で三十二歳）で早逝しています。しかも、恵まれた人生ではありません。それに一市井の人なので、経歴が不明の部分も少なくありません。近年になってわかった部分もあります。それらを含めてご紹介しましょう。

醬油店の息子として

大正十二（一九二三）年に発刊された『池田人物誌・上』（吉田鋭雄・稲束猛編）によれば、「氏：富永、名：徳基・後ち仲基、字《あざな》：子仲、号：南関・藍関・後ち謙斎、通称：吉兵衛、生：正徳五年、没年：未詳、墓：大阪下寺町四丁目西照寺（今亡し）」とあります。

つまり、最初は徳基という名前であったのを、のちに仲基と称したようです（基と略称することもあります）。幾三郎という幼名であったとも言われています。また、三郎兵衛とも称しています。字は子仲、また仲子。号は謙斎という名が知られていますが、はじめは南関・藍関とも号しました。

墓は一時期なくなっていましたが、現在、大阪市にある西照寺内に供養碑として建立されています。

仲基は、正徳五（一七一五）年、大坂尼ヶ崎町（現・中央区今橋四丁目）に生まれました。生家の屋号を道明寺屋と言い、代々醬油醸造を業とし、いつの頃か売り出された漬物は当時評判でした（安永六年刊「浪花名物冨貴地座位」）。またかつては江戸送りの酒も醸造していたようです。屋号から推測して、河内の道明寺付近の出身ではないかと言われています。

父は吉左衛門という人で、名は徳通、芳春《ほうしゅん》と号しました。芳春は五井持軒《ごいじけん》（大坂における儒学の先駆者）に学び、のちに三宅石庵《せきあん》（儒学者で懐徳堂《かいとくどう》の初代学主）に従学しました。この人は懐徳堂を創立する際の五同志の一人です（懐徳堂については後述します）。懐徳堂は、芳春の隠宅に建てられたのです。仲基は、芳春の第三子です。仲基が十歳の時、懐徳堂は創建されています。

ちなみに、西照寺内にある富永家の墓石によれば、祖父・富永宗仲居士、祖母・山口氏貞信婦となっています。母・佐幾は、大和立野の安村氏出身。芳春の後妻となったのですが、学問があり、書や和歌も巧みであったようです。仲基の同母弟・蘭皐《らんこう》（名は定堅、字は子剛、初号は鉄斎、摂津池田の荒木家を嗣ぎました）も、東華（名は重、字は子黎、号は九皐とも言います）も、ともに詩文にすぐれていました。

懐徳堂から離れる

仲基は十歳くらいから懐徳堂の三宅石庵の元で学び始めたようです。十五、六歳の頃、儒教を批判した『説蔽《せっぺい》』を著し、父の師であり自らの師でもあった石庵の怒りに触れて破門された、と言われています。これは仲基没後半世紀たって出た『日本諸家人物誌』による情報です。真偽は不明であり、このことを疑う研究者もいます。石庵は仲基が十六歳頃に亡くなっています。

問題となったとされる『説蔽』は現存していません。書名は「説《と》き蔽《さだ》む、説き蔽《わか》つ」の意、つまり〝判断する〟といったところなのでしょう。

いずれにしても、仲基はある時期に懐徳堂から離れ、生家からも出て暮らすようになったわけですが、その理由として「母と異母兄・毅斎（芳春の長男、名を信美、母は金崎氏）との不和」説があります。仲基は三男であり（次男は早逝）、後妻の長男という立場でした。

仲基は現在の大阪市中央区備後町あたりに住んだとされます。母の左幾を伴って暮らし、子弟に教えを説いていたようです。また、『翁の文』の序には「伊加須利《いかすり》のみやの辺」「渡辺の翁」とあるので、坐摩《いかすり》神社が所在する旧・渡辺町（現・同市中央区久太郎町）あたりかもしれません。

また、摂津池田（現在の大阪府池田市）に隠棲していた田中桐江《とうこう》の門を叩き、門人たちで構成される「呉江社《ごこうしゃ》」の一員となって詩文を学んだのも、この数年間のことと考えられます。

田中桐江は荻生徂徠《おぎゅうそらい》の親友で、柳沢吉保に仕えましたが、奸臣の振る舞いにいきどおり、これを斬って出奔したと言われています。仙台地方に流れて十数年の後、享保九（一七二四）年池田の地に身を寄せることになりました。

こうして、池田の文人の多くは桐江門下に入ります。中でも仲基の次弟・蘭皐は父のように慕いました。仲基は弟の縁をもって古文辞の泰斗・桐江に入門したのです。「呉江社」の詩集『呉江水韻』には、仲基の詩が数首残っています。病臥の句があり、すでに病におかされていたことがわかります。

十余編の著作

仲基の著作ですが、末弟の東華の随筆『東華秘笈《ひきゅう》』に「説蔽、諸子解、出定後語、長語、短語、宋学真詮、尚書、大学、論語の考あり」とあります。これに『翁の文』や『楽律考』（元となった『律略』を含む）や『三器』を加えれば、十余編といったところです。ただ、現在その全文を読むことができるのは、すでに挙げたように『出定後語』『翁の文』『楽律考』の三著作のみです。『出定後語』と『翁の文』は刊行されましたが、『楽律考』は出版に至りませんでした。

最初の著作である『説蔽』ですが、どうやら早くに散失したようです。書名以外に言及したものがありません。しかし、『翁の文』の第十一節にその内容の一部と思われるものが叙述されました。この『翁の文』は大正十三年に大阪の古書店で再発見され、内藤湖南によって影印本（底本を写真に撮って製版・印刷した複製本）が刊行されています。

京都のお寺が持っていたのを、大阪の玉樹香文房が入手して、それを国語学者の亀田次郎が購入し、内藤が世に出したそうです。現在、この亀田本は国立国会図書館に納められています。

『楽律考』は、末弟である東華の妻が西宮・真多《さなだ》氏（後に真《しん》氏）で、その後裔・真市右衛門が所蔵していました。そのことを仲基研究に心血を注いできた石濱純太郎が昭和十二年に確認し、さらに昭和三十三年になって関西大学東西学術研究所が影印本を刊行しました。真市右衛門が『楽律考』の清書本を関西大学図書館に寄贈し、石濱が解説を付して上梓されたのです。

また、著作ではありませんが、吉田鋭雄拾遺による『謙斎遺稿』（仲基の詩七十二篇、短い文章が四篇、それに仲基と関係のある文章が三篇）という書があります。加えて、儒者・井狩雪渓《いかりせっけい》による『論語徴駁《ろんごちょうばく》』の中には、仲基の『論語』に関する批評が掲載されています。仲基による荻生徂徠批判が展開されていて、貴重なものです。井狩雪渓は仲基の学友でした。

『三器』も伝わっていませんが、この書の内容は『楽律考』に含まれていると見られています。

満三十一歳で病没

仲基は延享三（一七四六）年八月二十八日に逝去しています。年来の病に加えて、娘に先立たれた苦しみもあったのでしょう。同年六月三日に娘の栄が三歳で亡くなっているのです。

没年については、『池田人物誌・上』に「大阪図書館の編纂に係る大阪名家著述目録は、延享元年八月二十日に作つて居る。（中略）明《あきらか》に間違つて居る」との指摘があります。さらに同書では、大阪市史にも誤りがあることも指摘しています。弟・蘭皐の詩集『鶏肋集《けいろくしゅう》』に序を書いているので、少なくとも延享三年の三月までは生存していたというのです。つまり大正十二年の時点では、まだ没年も不確かだったわけです。

仲基に先立って父の芳春は元文四（一七三九）年に五十六歳で没しています。西照寺の富永家の墓域内に墓があります。また、母・佐幾は宝暦十二（一七六二）年に七十一歳で逝去しており、同じく西照寺に墓があり、また立野善福寺の安村家墓地にも墓があります。仲基の墓だけが富永家の墓域になかったのです。

仲基の影響

前近代においても、すでに仲基はいくつかの影響を及ぼしています。やはり『出定後語』による影響です。

『出定後語』に私淑した服部蘇門《はっとりそもん》（天游、一七二四〜一七六九）は、『赤倮倮《せきらら》』を著して大乗非仏説論を展開しています。

一方、『出定後語』に対する仏僧の反発も起こり、本書の刊行後ただちに大坂の僧侶・放光によって『弁後語』（一七四六年）や、浄土宗西山派の無相文雄《むそうもんのう》（一七〇〇〜一七六三）による『非出定』（一七五九年）が出ました。さらに浄土真宗の僧・慧海潮音《えかいちょうおん》（一七八三〜一八三六）は『摑裂邪網編《かくれつじゃもうへん》』（一八一九年）を著して、激しく『出定後語』を非難しています。潮音は『赤倮倮』の批判本である『金剛索《こんごうさく》』も書いています。

また、国学者の本居宣長《もとおりのりなが》が『玉勝間《たまかつま》』（第八巻、一七九九年）で『出定後語』を絶賛するのですが、これを読んだ平田篤胤《あつたね》は懸命に『出定後語』を探し出します。当時すでに入手し難い状況だったようです。篤胤は『出定後語』に感銘を受けて、『出定笑語』（一八一七年）を世に出しています。この書は篤胤による徹底した仏教批判書です。

他にも、殿村常久《とのむらつねひさ》（伊勢松坂の人物）『夜舟物語《よぶねものがたり》』、朝夷厚生《あさひなあつなり》（尾張の人物）『釈迦文実録』『釈氏古学考』、注釈書として仲野安雄『出定附解』や『出定後語俗解』（作者不詳、黄檗《おうばく》宗の日初か？）などもあります。

交友

『池田人物誌・上』には、田中桐江や弟・蘭皐の生涯や事績についても詳述されています。興味深いのは、仲基が仏僧・日初や儒者・井狩雪渓などと交わっていたことです。『出定後語俗解』をまとめたともされる日初は『続日本高僧伝』にも掲載されている学僧で、『日本春秋』と題した史書やその他数部を著述しています。

この『日本春秋』（五十巻の大部）は仲基の遺志をついだ編纂事業でした。蘭皐が『日本春秋』の序に、そう記しています。つまり、仲基は日本の史書の編纂を企画していたというわけです（『池田人物誌・上』）。

また、『論語徴駁』を著した学友の井狩雪渓は、隠儒と呼ばれる生き方を貫いた学者で、二十余年にわたってほとんど外出もせずに古今の典籍を研究しました。雪渓は、仲基の学徳に敬服し、仏教・儒教・神道の三教に通達した人物として高く評価する一文を残しています。

これらユニークな人物たち、いずれ劣らぬ一くせも二くせもあるようなキャラクターが仲基を取り巻いていたのです。

いかにして仏典を学んだのか

次章以降、『出定後語』を読んでいくのですが、おそらくみなさんは「ところで仲基は、仏僧でもないのに、数多くの仏典をどこで読んだのだろう」との疑問をもつと思います。ですから、そのことについても触れておきましょう。

仲基が田中桐江の住む池田に通っていた際、黄檗宗のお寺から大蔵経校合《だいぞうきょうきょうごう》に雇われたという伝承があります。大蔵経は仏教経典を総集したもので、一切経《いっさいきょう》とも称します。経《きょう》蔵《ぞう》・律蔵《りつぞう》・論蔵《ろんぞう》を中心として編纂された、膨大な叢書です。それを校合するわけです。校合とは、いわば校正作業です。経典は書写されているものなので、誤写の他、誤字・脱字などがあります。そこで同じ経典の書写本を複数照合し修正します。仲基はその仕事をしていたというのです。

また、『出定後語』の批判書である『摑裂邪網編』には、「(仲基は) 黄檗山の摺経室で仏典を濫読した」とあります。なるほど、それならあっさりと納得できるのですが、この伝承は今のところ確証がないのです。

母・佐幾の実家である安村氏は、大和の富豪で菩提寺は黄檗宗善福寺でした。そこで仏典を学んだという説もあるようです。あるいは、四天王寺勝曼院《しょうまんいん》で鳳潭《ほうたん》の講義を受講したのではないかとの説もあります（寺田弥吉・神田喜一郎説、『富永仲基　山片蟠桃　日本思想体系43』参照）。

『出定後語』の序には「この説（引用者註・『出定後語』の内容のこと）をもって十年ばかりになる」とありますので、そうなると二十歳そこそこで仏典の読破がほぼ終わっていることになります。

2. 懐徳堂

自由・柔軟・合理的──懐徳堂という場

江戸期の大坂には五井持軒の漢学塾や平野（現在の大阪市平野区）にあった「含翠堂《がんすいどう》」、三宅石庵の「多松堂」や石田利清による八尾の「環山楼」など、自治組織的学校が生まれていました。それは官学の「昌平坂学問所」や各地の藩校とは異なる性格をもった私塾です。好学の徒が集う場であり、町人たちが主体となって設立・運営されていた学校です。

享保九（一七二四）年、その大坂に懐徳堂が創設されました。大坂の有力町人であった三星屋《みつぼしや》武右衛門《ぶえもん》・道明寺屋吉左衛門・舟橋屋四郎右衛門・備前屋吉兵衛・鴻池屋《こうのいけ》又四郎たち〝五同志〟が集まって設立したのです。五同志は、当時の大坂市中の大火で平野に避難中だった儒学者・三宅石庵を学主として招き、基金を拠出して懐徳堂を開きます。

この懐徳堂から、富永仲基や山片蟠桃《やまがたばんとう》、草間《くさま》直方《なおかた》といった独創的な町人学者が輩出します。

懐徳堂は、後に二代目の学主となる中井甃庵《しゅうあん》たちの奔走によって、享保十一（一七二六）年には幕府の官許を得ています。大坂学問所として公認されて、提供された隣接校地を使って学舎も拡大されました。しかし、五同志を中心とした運営は変わらず、基金を運用して利益を稼ぎながら経済基盤を構築するなど、半官半民的な体制だったのです。

この当時の大坂では、商業のレイヤー（層）が急速に増大しました。彼らは自分たちが依拠すべき新しい思想や指針を必要とし、学びの場を求めたのです。

懐徳堂の受講生は、五節句ごと（端午や七夕、重陽など、年に五回）に銀一匁《もんめ》または二匁ずつの謝礼を支払うこととされていましたが、困窮している者は「紙一折、筆一対」でもよいとするなど大らかな気風でした。礼をつくし気持ちを表して受講するのが第一義であるのだから、貧苦の者は謝礼の規定にとらわれることはない、などと学則に示されています。

また、懐徳堂の学則には「書生の交わりは、貴賤貧富を論ぜず、同輩と為すべき事」とあり、ここらあたりにも町人たちによる自立の意識をうかがうことができます。聴講や席次などについても、封建社会であった当時としては自由な精神に富む場でした。

「四書」（『大学』『中庸』『論語』『孟子』）・『書経』・『詩経』・『春秋胡氏伝《しゅんじゅうこしでん》』・『小学』・『近思録』をテキストとして〝日講〟と呼ばれる通常講義が開かれ、毎月一日・八日・十五日・二十五日が休日となっていました。また日講以外にも、有志による学習会が定期的に行われ、詩を創作する会なども開かれています。

懐徳堂の学問の特色として、朱子学を基本としながらも諸学を取り入れる柔軟な態度を挙げることができます。これは初代学主であった三宅石庵の学風の影響もあるでしょう。石庵は「鵺《ぬえ》学問」と批判されるほど雑学的傾向をもった人でした。そのため初期の懐徳堂は、諸学の折衷傾向が強かったわけです。

ただその後、三代目の学主・三宅春楼や、その時期の中心人物であった五井蘭洲や、四代学主・中井竹山《ちくざん》らによって、もっと限定された学問態度を重視するような傾向が強くなっていきます。これは江戸後期における「寛政異学の禁」などの教学振興政策によって、官制の学校では朱子学を第一として、他の学問を排斥する方針の影響がありました。つまり、懐徳堂の学風は、初期では多様な学問を学ぶ町人たちの学校であったものが、後期においては官学志向へと移行していったということです。

懐徳堂は第四代学主の中井竹山の時期に最盛期を迎えます。江戸の昌平坂学問所と並び称され、全国から学生が集まります。

また、竹山の弟、第五代学主の中井履軒《りけん》は膨大な学問業績を残しています。履軒も独創的な知性をもった人物で、思想書から経済学や自然科学に至るまで広範囲な研究を重ねました。『懐徳堂事典』では、「その研究は、脱神話、脱権威の批判的実証的精神に貫かれており、富永仲基・山片蟠桃らとともに近代的英知の先駆的存在であると評価できる」と述べられています。富永仲基と中井履軒とは直接の交流はなかった(仲基が死去した時、履軒は十四歳)のですが、後述する仲基の「誠の道」などは履軒の思想と相通じるものがあります。どちらも実証主義・合理主義の知性に基づく啓蒙精神あふれる思想です。

懐徳堂の才人たち

数多くの才能が輩出した懐徳堂ですが、特に知られているのは先に挙げた富永仲基や山片蟠桃(一七四八〜一八二一)、草間直方(一七五三〜一八三一)でしょう。この三人を取り上げて、「懐徳堂スリー」という浪曲を創作したいくらいです。もちろん「長州ファイブ」のパロディなのですが。

山片蟠桃は升屋《ますや》という商家の番頭として活躍した人物です。中井竹山（第四代学主）と中井履軒（第五代学主）の兄弟を生涯の師と仰ぎ、独学で医学を身につけ、麻田剛立《あさだごうりゅう》から天文学を学びました。

主著『夢ノ代《ゆめしろ》』（もともとは『宰我の償《さいがつぐない》』という題名でした）は、天文学・地理学・史学・経済学などをカバーした広範な随筆であり、徹底した実証的合理主義の立場が特徴です。特に〝無鬼論〟（死後の霊魂を否定）が目を引きます。

蟠桃は朱子学の「格物致知《かくぶつちち》」（ものごとの道理と本質を探究していく）の姿勢に立ちながら、天文学の地動説を語り、朱子の〝有鬼論〟を批判しています。すなわち、「生ずれば有、死すれば無」という思想を展開します。

また、草間直方（鴻池屋伊助）は、山片蟠桃と同時期に懐徳堂で学び、両替商を経営した人物です。晩年に『三貨図彙《さんかずい》』を著しています。『三貨図彙』は日本初の貨幣史です。古代から江戸時代に至るまでの貨幣を取り上げ、貨幣経済を歴史的に考察した書です。この書で直方は、自律的な自由市場経済を主張して、幕府の米価統制を批判しています。

享保十八（一七三三）年五月、伊藤東涯『大坂行日記名簿』に、「懐徳堂に而初見」の四十二名中、「道明寺屋吉左衛門」の少し前に、「冨永幾三郎」と記されており、日本文学者の水田紀久は「これこそわが仲基若年の姿かと推せられる」としています（『出定後語』と富永仲基の思想史研究法」、前掲『日本思想大系43』所収）。懐徳堂への入門は間違いないと思われますが、その他の記録がありません。懐徳堂の関係者とはそもそも疎遠だったのかもしれません。

ある文章では、次のように述べられています。

かれの透徹した方法論をもってする本文批判的研究は、先秦思想（引用者註・春秋戦国時代の思想家たちによる思想）の歴史的発展を跡づけた見事な成果となり、それは直ちに当時の思想的権威そのものの再評価につながるいとも厳しいものとして、世の人士の目を奪うに十分であった。懐徳堂の教授連にしてもまた同様であったであろう。その識見が卓抜であればなおのこと、世の一般と相容れない結果になったことは、想像にかたくない。けだし天才の宿命であろうか。（「翁の文　解説」、『近世思想家文

集　日本古典文学大系97』所収）

ここでも仲基は「天才」と評されています。そして、懐徳堂の教授連と相容れないのも天才の宿命か、との見解が述べられています。

さて、いかがでしょう、少し富永仲基という人物への興味が高まってきたのではありませんか。そして、なんといっても仲基の名前を今日に至るまで燦然《さんぜん》と輝かせているのは、『出定後語』という著作なのです。次章から、その『出定後語』を読んでいきますので、おつき合いください。

第二部　『出定後語』上巻を読む

「もつて人に語るに、人みな漢たり」――『出定後語』序文

『出定後語』は、現在、「延享二（一七四五）年の初版」「文化二（一八〇五）年の再版」「文政十二（一八二九）年の再刻本」などが残っています。

初版から再版までは六十年。中村元によると、このタイムラグは平田篤胤を中心とする国学者による運動の影響だということです。国学者が仏教を批判するために、本書を活用するというニーズが起こったのです（中村元『近世日本の批判的精神』）。

それでは富永仲基の主著である『出定後語』を順に読んでいきましょう。

原典は漢文です。上下二巻となっています。読み下し文は、前掲の『日本思想体系43』（岩波書店）にある水田紀久のものに拠りました。現代語訳は、『富永仲基　石田梅岩　日本の名著18』（中央公論社）所収の石田瑞麿《みずまろ》訳を使っています。

『出定後語』には、次のような序文が添えられています。少し長いですが、全文引用します。読みやすいように、三分割して番号を付けました。

【読み下し】

①　基、幼にして間暇《かんか》なり。儒の籍《ふみ》を読むことを獲《え》たり。もつて少しく長ずるに及んで、また間暇なり。仏《ぶつ》の籍を読むことを獲たり。もつて休しぬ。曰く、儒仏の道も、またかくのごとし。みな、善を樹《た》つるにあるのみと。しかるに、その、道の義を細席《さいせき》に因縁するに至りては、則ちあに説なきことを得んや。則ち、属籍《しょくせき》することなきことあたはざるなり。ここにおいてか、出定なりぬ。

②　基、乃ちこの説を持する者《こと》、かつ十年ばかり、もつて人に語るに、人みな漠たり。たとひ、われ長ずること数箇《すうか》、もつて頒白《はんぱく》の年に及ぶとも、天下儒仏の道、また儒仏の道のごとくんば、これ何の益かあらん。

③　ああ、身の側陋《そくろう》にして痛《や》める。すでに、もつて人に及ぼして徳することあたはず。また、これを限るに大故《たいこ》をもつてして、伝ふることなからんか。基や、いますでに三十もつて長じぬ。また、もつて伝へざるべからざるなり。願ふ所は、則ちこれをその人通邑《つうゆう》大都に伝へ、及ぼしてもつて、これを韓もしくは漢に伝へ、韓もしくは漢、及ぼしてもつて、これを胡西《こせい》に伝へ、もつて、これを釈迦牟尼《しゃかむに》降神《ごうじん》の地に伝へ、人をして、みな道において光《て》ることあらしめば、これ、死して朽ちざるなり。しかりといへ

ども、何をもっていはゆる悪慧《あくえ》にあらざるを知らん。これは則ち、かたし。これは則ち、かの明者《めいしゃ》の部索《ぶさく》して、これを楔《ふさ》ぐを待つのみ。

延享元年秋八月　富永仲基《とみながなかもと》識《しる》す

【現代語訳】

① わたし（仲基）は幼いころ、ひまであったから、儒教の典籍を読むことができた。そして少しく長ずるにおよんで、またひまがあったから、仏教の典籍を読むことができたが、これによって、「儒・仏の道もまたやはり同じようなものだなあ、みな善を樹立することを目的としているだけだ」と思った。しかしそれにもかかわらず、この考えについて、道の心（義）を詳細な例証に求めるという段になると、そのときはなにも説明を要しないとは限らない。そのときは関係の出典を示さないわけにはいかない。こうして、『出定後語』が出来あがったのである。

② このわたしがこの説を抱くようになって、そのうえ、十年ばかりになるが、これを人に話しても、だれもよくのみこんでくれない。たとい、この後数年、わたしが齢《よわい》を重ねて、髪になかば霜をいただく年になっても、全世界の儒・仏の道がそれでも依然

としてもとの儒・仏の道のようであれば、何の益があろう。

③ああ、この身は身分も賤しく病にかかっているから、これを人に及ぼして恩恵を与えることはすでに不可能なのだ。また死（大故）によってまったくこれが断ち切られ、伝えないで終わるかもしれない。わたしはいますでに三十歳、すっかり年をとったから、それを考えただけでも、これを伝えないわけにはいかない。願いとするところは、わたしが伝えるときには、さらにその人がこれを広く都の人たちに伝え、それからさらに韓国あるいは中国に伝え、それからさらにこれを西域の国々に伝え、それによってこれを釈迦牟尼誕生の地に伝えて、世の人をしてみな道において光明を見いださせることができれば、それで死んでも、朽ちはてることはない。

しかしそうではあるが、はたして何をもとに、いわゆる悪知恵でないことを理解するだろうか。そうなると、これはむずかしい。そのときは、達識の人が手分けして探し求めて、その欠点を塞《ふさ》ぐことに期待するほかはない。

延享元年秋八月　富永仲基識す

①の部分、幼少期はひまだったから儒教の書籍を読み、成長の後もひまだったから仏

教の書籍を読んだ、といった書き出しになっています。

大商家に生まれた環境と、長じた後の暮らしぶりを、「ひまだから書を読んだ」と表現してみせたのでしょうか。あるいは、病を抱えて死と直面している仲基の諦観やアイロニーでしょうか。才能への自負とプライド、微かな自虐と洒脱が感じられます。

この書の冒頭で仲基は、儒教も仏教も「みな、善を樹つるにあるのみ」と断じています。後述するように、仲基は「誠の道」「道の道」と呼称する啓蒙的思想へと至りました。彼の眼には、つきつめればどの道も「善を樹つる」というテーマへと至ると映ったのでしょう。

この点は、「ありがちな見解だな」と感じる読者もいるかもしれません。しかし、仲基は「そのような主張をするためには、詳細な論拠が必要であり、だからこそこの書ができたのだ」と続けています。ここがこの人のすごいところです。この姿勢は、近代における比較宗教学的な態度であると言えます。確かに「つきつめればどの宗教も○○と説いているのだ」といった語り口は、月並みであり陳腐でもあります。でも、仲基は「それを言うためには、詳細な論拠が必要だ」として、その構築を試みるのです。

また、なんといっても驚かされるのは、②の「この説ができて十年ほどになる」という記述です。つまり二十歳の頃には本書で語られている立論は完成していたのです。

さらに、「人に語るに、人みな漠たり」とあり、自説が誰にも理解されないことを吐露しています。この早熟ぶりと独創性ゆえに、後年みんなが口をそろえて〝天才〟と呼ぶことになるのです。

この序において仲基は「もう病気で長くない」ことを告白しています③。この序文を執筆した時点で、末期状況であることへの自覚があったのでしょう。そして、「この研究結果が、韓国、中国、西域、インドに伝わり、世の人の道において光明となれば、死んでも朽ち果てることはない」といった願いを綴り、「これからの人が欠点を補っていってくれ」と結んでいます。最後の「これを楔ぐを待つのみ」の「楔」には、自ら「ふさぐ」とふり仮名を付けています。これは、足りないところを塞ぐという意味です。後世の識者が自分の説を補足していってくれることを望んでいるわけで、加上が繰り返されていくことで思想が鍛錬され構築されていくと考えた仲基の姿勢を見ることができます。

とにかく『出定後語』の内容は、あたかも無人の荒野を独りで歩むような独自性に富むもので、時には独断的な論も展開されています。そのことを仲基はよく自覚していたわけです。

第一章「教起の前後」

では、いよいよ『出定後語』の本文へと進んでいきます。

『出定後語』の第一章は、「仏教が起こった前後」について述べられています。「前後」と見出しを付けるだけあって、釈迦以前の状況、釈迦の成道《じょうどう》、部派分裂、大乗仏典、禅、密教に至るまで、通史的に述べられた章となっています。長いので、分けてお話ししましょう。

釈迦による上書き

まず仲基は、釈迦の時代には約九十六種もの宗教思想や哲学が展開されていたことを紹介しています（これは第二十二章にも詳述されているのですが、龍樹《りゅうじゅ》の『大智度論《だいちどろん》』をもとにした見解です）。

そして、釈迦（ゴータマ・ブッダ）が出家して最初に学んだ阿羅邏迦羅摩《あららからま》（アーラーラ・カーラーマ）と、次に学んだ鬱陀羅羅摩子《うだららまし》（ウッダカ・ラーマプッタ）の二人を取り上げ、前者は無所有処天※1《むしょうじょてん》を目指す教えを説いたが、後者はさらに非想非非想処天※2《ひそうひひそう》が究極であることを主張した、これは前者に「加上※3されたものである」と述べています。

そればかりではなく、無所有処天は、識無辺※4《しきむへん》処天に加上されたものであり、識無辺処天は空※5無辺処天に加上されたもの、さらには空無辺処天もまた色界※6《しきかい》に加上されたものであると言います。こうしてヒンドゥー宗教哲学は、天を目指すことでは共通しているものの、その天の理念は加上に加上が重ねられて、〝その上の世界〟が説かれてきたのだと言うのです。

そして、釈迦はさらに加上しようとしたが、これ以上天を重ねるのはもはや困難なので、そこから離れた世界を説いた――このように仲基は仏道の成立経緯を推理しています。

つまり、釈迦以前は「生天思想※7《しょうてんしそう》」が基盤だったというのが仲基の見立てです。仏教はその前提に対して、天も含めた輪廻世界からの離脱を説いた、その道筋のモデルには過去七仏（釈迦以前に六人の仏陀がいたという信仰）があった、そのように主張しています。

その部分を読んでみましょう。

【読み下し】

釈迦文《しゃかもん》これに上せんと欲するも、また生天《しょうてん》をもつてこれに勝ちがたし。ここにおいて、上《かみ》、七仏を宗として、生死《しょうじ》の相を離れ、これに加ふるに大神変不可思議力《だいじんぺんふかしぎりき》をもつて、示すにその絶えてなしがたきをもつてす。乃ち外道服して竺民《じくみん》帰す。これ釈迦文の道のなれるなり。

【現代語訳】

釈迦仏（釈迦文）はこの上に出ようとしたが、さらにこのうえ天に生まれることをもってしては、これに勝ることがむずかしいから、そこで七仏を理想として立て、生死流転のすがたを離脱して、さらにそのうえ超人間的な不思議の力を現わし、またその境界はとうてい得難いものであることを明示した。そこではじめて異教の徒も信服し、この国の民衆もかれに帰することとなった。これが釈迦仏の教えが成立した筋道である。

「これ以上は天に加上できないので……」や、「さらに超能力を示すことで信服させた」などといった記述は読んでいて抵抗があるものの、〝釈迦の教えでも、ある前提があって展開された〃とするところには注目したいと思います。

仲基は今日で言うところの〃思想史〃の方法論で考察していきます。これは仏教を語る場合にだけ使われるのではなく、彼の立脚点なのです。それを十八世紀当時に行っていたことが、どれほど斬新だったかは論を俟《ま》ちません。

「全てが釈迦の教えではない」

第一章では、釈迦入滅後の三蔵（仏教の典籍の総称で、経蔵・律蔵・論蔵の三つを指します）の編纂や、根本分裂（上座部と大衆部《だいしゅぶ》の二分裂）および枝末《しまつ》分裂（約十八～二十の部派に分裂）について述べられています。このあたりは仏教史概説※8といったところです。

また「有（存在）を前提とする立場は小乗とされた」ことに言及して、これに対して「空」を加上したのが『般若経』を制作したグループであると述べています。これも今日の仏教史を知っている者だと違和感なく読めますが、すべての経典は釈迦が説いたとする立場の人が大半であった当時としては、実に卓見と言わざるを得ません。

近代の仏教研究によって、原始経典と言われる阿含経典類の古層部分でも釈迦滅後二百～三百年以上を経て現在の形に整えられたものであり、大乗経典は仏滅後五百年もたってから現われ始めたことがわかっています。しかも広範囲に仏教が展開した結果、さまざまな部派や系統がそれぞれに経典を伝承してきたわけで、それらをすべて釈迦へと収斂《しゅうれん》することはできません。

近代以前の日本では、漢訳経典で仏教思想を学ぶのですが、これは二世紀の後漢時代から元の時代まで千余年にわたって翻訳され、七千五百巻を超える膨大なものです。そして、それはすべて釈迦の教えであり、釈迦の教えに基づいて論じられたものというのが前提となっていました。

そうなるといろいろ齟齬《そご》が生じてくるわけです。かなり異なる教えが混在しているため、時にはまったく正反対のことを主張する経典が、同じ仏説として併存することとなります。そのため近代以前の仏教研究は、この齟齬のつじつまをどう合わせるかに腐心してきました。かなり牽強付会な論もあって、『出定後語』はこの後、何度もそこをシビアに指摘していきます。

もちろん仲基が間違いをおかしている部分もあります。ここでは摩訶《まか》迦葉《かしょう》が三蔵を編纂したと書かれていますが、事実に反しています。三蔵に関する仲基の推論は、龍樹が書いたとされる『大智度論』の記述などに基づいたようです。他の章でそのことがわかります。

仏典はいかにして編纂されたのか

ここで少し、今までの研究によって明らかになっている仏典編纂の経緯について説明しましょう。

釈迦が入滅直後、主な弟子が集まって第一回の結集《けつじゅう》※9が行われました。釈迦の教えを互いに確認し合うためです。この時にリーダー役をつとめたのが摩訶迦葉です。ただその後、少なくとも二百年以上、経典が文字化されることはありませんでした。すべて誦出《じゅしゅつ》(声に出して唱えること)され伝えられてきたのです。

第二回の結集は釈迦滅後百年ほど経過してから開かれています。その後、計三〜四回の結集が行われたのですが(部派によって伝承が異なります)、仏教教団が拡大するにつれて「主要メンバーが集まって確認作業をする」ということが無理になります。やがて仏教教団は立場や学説によって、おおよそ十八〜二十派へと分裂を続けました。これを部派仏教と呼んでいます(この章で仲基は部派仏教を十八部としているのですが、これは『文殊師利問経《もんじゅしりもんきょう》』に拠ったようです)。

諸派の中でも、「上座部系」の上座部・説一切有部《せついっさいうぶ》・正量部《しょうりょうぶ》・経量部《きょうりょうぶ》、「大衆部系」の大衆部などが優勢であったようです。このような経緯の中、経蔵（釈迦の直説とされているもの）・律蔵（僧侶たちの集団生活の規則に関わるもの）・論蔵（教義や教理について解釈解説を施したもの）が確立していきます。

つまり、三蔵はかなり長い時間をかけて成立したものです。しかし、仲基の時代には、このような仏典成立の史学研究自体がまだありませんでした。

また、仲基は「文殊菩薩を信仰していたグループが『般若経』を作った」と言います。これも面白い見解です。確かに「般若経」経典群と文殊菩薩信仰の関係は深いものがあります。古来、文殊菩薩は般若（智慧）の象徴として信仰されてきました。ただ初期の般若経典には、文殊菩薩はそれほど多く登場していません。

自らを「出定如来」と表現

仲基は、『法華経』の編纂も大乗の中の一グループが行ったものであり、釈迦の直説ではなく後世に制作されたものであることを述べた上で、『法華経』こそ最もすぐれた経典であるなどと独善的な主張を展開することの誤りを指摘します。

【読み下し】

広大の方便力、古今の人士を熒惑《えいわく》するは、何ぞ限らん。ああたれかこれを蔽《へい》する者ぞ。出定如来《しゅつじょうにょらい》にあらざればあたはざるなり。

【現代語訳】

さまざまな方法を尽くした巧みなてだての力が古今の人士をまどわすことは、これに限らないが、たれかこの誤りを塞ぐものがあろうか、筆者（出定如来）でなければ不可能である。

ここで仲基は自らを「出定如来」と称して、「この誤りを指摘し正す者は、私しかいない」という強烈な自負心を吐露しています。

出定とは「禅定（真理を悟っている状態）から出る」ことを指します。ですから、タイトルの『出定後語』は「釈迦が禅定によって悟りを開いた後に語った教え」の意だと思われます。仲基は「自分は釈迦が出定後に説いた教えとは何であったかをきちんと見抜き、把握している」と考え、「出定如来」を自称したのでしょう。

このあたり、なんだかニーチェを連想させる人物ですね。アイロニカルなところも似ています。このような態度を西教寺の慧海潮音は『摑裂邪網編』で、「出情狂癲《しゅつじょうきょうてん》だ」などと強く揶揄しています。

『華厳経』について

また、「『華厳経』は釈迦が悟りを開いた後、二週間の間に説かれた」や、『華厳経』の「宝王如来性起品《ほうおうにょらいしょうきぼん》」にある「太陽は一番高い山を照らす（『華厳経』こそ一番優れているという意）」といった作者の言を信じて、この経を最上とする者も誤りだとします。

『華厳経』が釈迦成道後すぐに説かれた教えであるとするのは、天台大師智顗《ちぎ》[※10]による「五時八教説《ごじはっきょうせつ》」がもっともよく知られています。

智顗は、釈迦が悟りを開いてから以降に説いた教えを、五つの時期に分けて考えました。最初は「華厳時」で、『華厳経』が説かれた。これは悟りの内容がストレートに表現されていて難し過ぎるので、次に理解しやすい阿含経典を説いた。これが「鹿苑時《ろくおんじ》」。その後、「方等時《ほうどうじ》」（『維摩経《ゆいまきょう》』『勝鬘経《しょうまんぎょう》』などの大乗経典）、「般若時」（般若経典）、最後に「法華・涅槃時」（『法華経』と『涅槃経』）と続きます。

仲基はこのことを批評しているのです。そして、後の人が『華厳経』を最高峰に位置づけたのは、見事な〝加上〟であるとしています。既述のように、この加上こそ、今日においても高く評価されている仲基のオリジナル理論です。

仲基は『華厳経』について、

①『華厳経』には、舎利弗《しゃりほつ》（智慧第一として知られる釈迦の直弟子）が入信した際に祇園[※11]精舎などについて述べられているが、舎利弗入信時にはこれらはまだ建立されていない。作者のミスだ。

②『華厳経』に「諸法実相」「般若波羅蜜」の用語が出てくるため、この経典は「般若経典」『法華経』の後に成立したに違いない。

といった論を展開します。

実際、この推論は当たっています。『華厳経』は四世紀あたりの成立であり、初期「般若経典」や『法華経』はそれに先んじて成立（一〜二世紀あたり）しています。

次いで仲基は、『華厳経』に続いて成立したのが、『大集経』と『涅槃経』だと推測しています。また、この二経は用語が類似しているから、同じ編纂者の手によるものではないかと推理しています。この二経は、小乗仏教・大乗仏教いずれも捨ててはいけないことを説くための合わせ技であり、そこから考えれば、当然、仏の入滅よりずっと後代にできたものだと推測するのです。

『涅槃経』は、仏の入滅にことよせて「最後に説かれた経典」を主張したり、醍醐《だいご》の味にたとえたり、一番純粋だと主張したりするが、それら経典の優位性を主張するための手立てである、などといった批評をしています。

次に、頓教《とんぎょう》系の編纂者によって『楞伽経《りょうがきょう》』が説かれたと述べます。この場合の頓教とは「瞬時にして悟る」といった道を説く系統を指します。この対義語が漸教《ぜんきょう》（だんだんと悟りへ近づいていく）です。

仲基は『楞伽経』の特徴として、端的に語り、まわりくどくないことを挙げ、この経典が中国の禅仏教に与えた影響についても書いています。

その後に生まれたのが、密教グループによって編纂された『大日経《だいにちきょう》』だとして、「この経典は最後に編纂されたものだと思う」と述べています。これらの仲基の主張は、現在判明している成立順序とおおよそ一致しているのです。

見事なテキスト・クリティーク

いずれにせよ、この一章を読んでいくだけでも仲基の方法論をうかがい知ることができます。テキスト・クリティークによって、仲基は経典の成立順序を推測しました。そして、仏典が後世さまざまな人々の手によって生み出されてきたと主張するのです。これが「加上」です。

第一章の最後に、その「加上」を説く仲基の立ち位置と主張が明確に述べられている箇所があるので紹介しましょう。

【読み下し】

これ諸教興起の分かるるはみな、もとそのあひ加上するに出づ。そのあひ加上するにあらずんば、則ち道法何ぞ張らん。乃ち古今道法の自然なり。しかるに後世の学者、みないたづらに謂《おも》へらく、諸教はみな金口《こんく》親しく説く所、多聞《たもん》親しく伝ふる所と。たえて知らず、その中にかへつて許多《あまた》の開合あることを。また惜しからずや。

【現代語訳】

さて、諸教が興って分かれたのはみな本来、順次に加上したことによるものである。順次に加上するのでなければ、どうして教えが拡大し分かれようか。すなわちこれは古今を通じて教えがたどる自然のすがたである。ところが、後世の学者はみな、いたずらに、諸教はすべて仏の金口より親しく説かれたものであり、阿難が親しく伝えたものだ、と思っている。ことに、これら諸教のうちにかえって数多くの分離と結合があることを知らないのである。また残念なことではないか。

仏典はすべて〝金口の直説〟（釈迦が直接説いた教え）であり、それを聞いた阿難によって伝えられたものだとする前提を批判しています。

他にも第一章において、「律蔵はもともと優婆離《うばり》による八十誦律だったのが、そこから五つに分派していった」や、「法華経は普賢菩薩を奉ずる者たちが作ったのではないか」などといった推論を述べています。

律蔵については、今日伝えられている五つの部派・六つの律蔵（分別説部《ぶんべつせつぶ》系の「パーリ律」、法蔵部系の「四分律《しぶりつ》」、化地部《けじぶ》系の「五分律」、大衆部系の「摩訶僧祇律《まかそうぎりつ》」、説一切有部系の「十誦律《じゅうじゅりつ》」「根本説一切有部律」）の状況におおよそ符合しているとも言えるでしょうか。

また龍樹の『大智度論』などに使われている文字から、『法華経』と「普賢菩薩」との関連性を推測しています。もちろんサンスクリット語の原典を読んだわけではなく、漢訳を使った推理なので、間違っているところもあります。しかし、その文献批評の方法論は実にしっかりしたものであると言えるでしょう。

今日の研究では、大乗仏教もひとくくりにできるようなものではないことがわかっています。私たちは、かつて起こったいくつもの派をまとめて「大乗仏教」と総称しているのです。たとえば、般若経典系のグループと法華経系のグループは異なるだろうと考えられています。ですから、仲基の「大乗仏典も異なる系統があるんじゃないか」という推理自体は的を射ているのです。

第二章「経説の異同」

次に第二章を見ていきます。この章で仲基は「仏教の教えは、釈迦滅後、長い間口伝によって伝えられてきたので、きちんとした典籍がなく、いろいろな人の考えが上書きされて、さまざまな相違をもつ経典が生まれた」と述べています。

【読み下し】

いまこの六者をもつてこれを推すに、ここに知る、仏滅してより久遠、人に定説なく、また依憑《えひょう》すべきの籍《ふみ》なく、みな意に随ひて改易し、口あひ伝授し、むべなるかな、一切の経説、みなその異にたへず、またその信従すべからざること、かくのごときなり。

【現代語訳】

いまこの六つの典拠によって推察すれば、ここに、仏の滅後長い間、定った教説というものがなく、またよりどころとしてよい典籍もなく、すべてのひとが思いのままに作りかえて口伝えに伝授してきた、ということが知られるし、またしたがって、一切の経説がいずれもその相違にたえることができないのは、いかにも当然なことであり、また同様に信従するに足らないこともわかる。

ここで言う「六つの典拠」とは、三つの仏典（『大智度論』『阿毘曇毘婆沙論《あびどんびばしゃろん》』『高僧法《ほっ》顕伝《けんでん》』）の中にある六例のことです。仲基は、この三つの仏典から「アショーカ王の第三結集について」[※12]「カニシカ王の第四結集について」[※13]「大衆部の律や有部の律について」[※14]

を抽出し、そこから推察して仏教の教えが初期の間は文字化せず口伝に拠ってきたことを述べているのです。そして、こんな経緯なので仏説だと考えられているものが多様であって当然であり、どの仏典も仏説だと主張するがそれは誤りである、と結論づけています。

この仲基の主張は、平田篤胤たちの仏教批判のベースとなり、また大乗非仏説論を盛んにしていくのですが、それについては後述することにします。

第二章を読んでみると、ここで仲基が言おうとしているのは「どの仏教経典もあるひとつの立場であり、相違するのだ」という聖典の相対化であり、「それぞれの仏教経典は、特定のグループが自説を展開した結果生まれたものであり、けっして釈迦の直説ではない」という事実です。もちろん、現代においては自明のことなのですが、仲基は仏典を解読することで独自にこの結論へと至ったのでした。

この他、第二章では『無量義経《むりょうぎきょう》』『金光明経《こんこうみょうきょう》』『大品般若経《だいぼんはんにゃきょう》』『華厳経』『法華経』『法《ほっ》鼓経《くきょう》』『勝鬘経』『文殊師利問経』などの大乗経典が取り上げられています。そして、大乗経典は小乗経典成立後に編纂されたことを述べ、小乗経典を低く評価することで自説の優位性を主張していると指摘します。このあたりの論の展開に仲基の基本的な姿勢を見ることができます。実に合理的な論考です。

第二章の最後は次のような文章となっています。


【読み下し】

むかし、秦緩《しんかん》死す。その長子はその術を得て、医の名秦緩に斉《ひと》し。その二三子の者はその忌にたへず。ここにおいて、おのおの新奇をなし、これを父に託して、もつてその兄に勝《まさ》らんことを求む。その兄を愛せざるにあらざるなり。おもへらく、もつて兄に異《こと》なることあらざれば、則ちもつて父に同じきことを得ずと。


【現代語訳】

昔、秦緩が死んだとき、その長男は父のすぐれた医術を伝えて、医者としての名声は秦緩とひとしいものがあった。他の子供たちは、どうしても異なった方法をとらないではおれなかったので、そこで、それぞれ新奇な方法を考えだし、それを父にかこつけて兄にまさろうとした。これは兄を愛さなかったからではなく、兄と異なったところがなければ、父と同じであることができないと考えたからである。

秦の名医・緩の事例を出して、部派の異同に比しています。「兄を愛さなかったからではない。兄と異なったところがなければ父と同じであることができない」とは、実に味わい深い表現だと言えるでしょう。

仲基の加上説は、このような人間観に基づいて生まれたのだと思います。つまり、人は先行者を乗り越えるために、先行者に倣《なら》い、先行者の権威を利用し、さらに先行者とは異なる上書きを行ってきた、ということです。それはどの時代のどの地域によっても行われてきた、人間のナチュラルな性質だ、そのように仲基は考えていたのです。

第三章「如是我聞」

ここでは「如是我聞《にょぜがもん》（このように私は聞いた）」を取り上げています。「最初に釈尊の教えをまとめる際、阿難はこの言葉を発してから誦出した」という伝説があり、仏教経典の冒頭の定型句となっています。

この章で仲基は、「如是我聞」は「私は伝え聞いた」という意味であるとして、阿難が座について、「伝え聞いた（如是我聞）」と言うのはおかしい、阿難は釈迦から直接聞いたのだから、と主張していますが、これは仲基の間違いです。サンスクリット語やパーリ語の原典ではなく漢訳仏典で読んでいるため、漢字の意味から誤読したわけです。如是我聞の原文は、evaṃ mayā śrutam であり、これは「ある時、私は聞いた」の意となります。

おもしろいのは、「『大智度論』には『なぜ如是我聞で始まるか』が述べられており、『涅槃経』はその影響が見られる」というところです。

この『涅槃経』とは、パーリ仏典の長部（後述）におさめられている方ではなく、大乗仏典の方の『涅槃経』です。確かに『大智度論』には、「般若経典」が如是我聞で始まるのは、そこに仏法への信があるからだとの論が説かれています。

仲基は、「この『大智度論』の影響が大乗『涅槃経』にある一方で、『大智度論』は大乗『涅槃経』について一言も言及していない。つまり、大乗『涅槃経』は『大智度論』成立以降に制作されたものだ」との推論を立てています。この『大智度論』と大乗『涅槃経』の年代推定も慧眼です。

『大智度論』の著者とされる龍樹は紀元一五〇年から二五〇年あたりの人で、大乗『涅槃経』のことは知らなかったと考えられています。大乗『涅槃経』の編纂には[※15]瑜伽行唯《ゆがぎょうゆい》識派《しきは》が関与したと言われ、その成立は四世紀頃とされています（ただ最近の研究では、大乗『涅槃経』も長い間かけて現在の形になったということがわかっています）。

仲基は鳩摩羅什《※16くまらじゅう》の翻訳による『大智度論』を精読しています。これはインド仏教の初期から中期にかけての百科事典的内容となっており、『出定後語』でも繰り返し引用されている書です。

第三章では、その『大智度論』の中にある「なぜ迦葉や阿難は『般若経典』を説かなかったのか」という問いと答えに注目しています。このような問いが記述されていることは、とりもなおさず「当時すでにこの疑い（『般若経典』群は釈迦の直説ではない）があった」ということだと断じています。そして、「その実、阿難集むる所は、則ちわずかに阿含の数章のみ（実際に阿難が集めたところは、わずかに阿含経の数章だけである）」と語るのです。これは現代の仏教研究と合致しており、推論の正しさに驚くばかりです。

第四章「須弥諸天世界」

第四章では、須弥山《※17しゅみせん》と天界という仏教の世界観について述べられています。

仲基は、「須弥山の説は、バラモンが説く天地宇宙に関する言説がもととなっている。これをもとに学者が仏教優位を説くのは、かえって仏意をそこなう。なぜなら、それは仏教の本質ではないからである。仏教の教えは人々の救いが主である。こういう話は枝葉末節のことなのだ」と言います。ついでに、安易に須弥山説を批判する儒者へも警告を発します。須弥山説が事実と違うことをあげつらって、仏教を非難する儒者がいたからです。

【読み下し】

しかるに儒氏《じゅし》もまたこれを知らずして曰く、「釈迦、須弥を作りて、その説合はず」と。ああ、迦文はあに儒固《じゅこ》のごとくしからんや。仲尼《ちゅうじ》、春秋《しゅんじゅう》を作るや、また日食《にっしょく》の恒《つね》たるを知らず。これ何をもつてこれを解かん。それ日月の推歩は、天官星翁の掌《つかさ》どる所、そのこれを知らざるに害なし。かへつてこれをもつて是非する者は、みな小知の人なり。

【現代語訳】

ところが、儒者もまたこのことを知らないで、「釈迦は須弥山を説くが、その説は実際と合わない」という。ああ、釈迦仏がどうして儒者のような、そのようなものであろうか。孔子は『春秋』を書いたが、かれもまた日食の常に起こるものであることを知らなかった。これはいったい何によって説明したらよいのであろうか。

いったい、月日のうつりかわりは、日月星辰の掌るところであって、この理を知らなくても支障はない。かえってこれについて是非を論ずるひとは、知恵の乏しいひとばかりである。

釈迦の教えの本質を見ようとせず、須弥山説などを取り上げて仏教を非難する儒者を〝小知の人〟としています。孔子の例を挙げて、彼が『春秋』を書いた時は、日食のことをよく知らなかったのであって、自然科学の研究は進歩していくものであり、その当時知らないことがあっても彼の説のすばらしさに支障はないと言うのです。

第三章までの流れからすれば、「須弥山や天界など、荒唐無稽だ。ばかばかしい」などと言うのかと思いきや、意外や意外、「荒唐無稽だ」と非難している儒者たちを批判しています。

この第四章には、本書の性格がよくあらわれています。けっして単なる仏教批判書ではないことがわかります。

以下、各経典の世界の説明が異なることを列挙することで、いずれも元はシンプルな世界観であったものが、順次加上されていったとしています。

たとえば、この世界の構造については、『倶舎論《くしゃろん》』と『首楞厳経《しゅりょうごんきょう》』とでは異なっている。生天の順番も『長《じょう》阿含経』と『増一《ぞういつ》阿含経』とは異なっている。天の数は、説一切有部・経量部・上座部・『大毘婆沙論《だいびばしゃろん》』と、それぞれ数が違う。このような事例を列挙しています。

経典によって異なる理由について、「明代の（引用者註・宋代の誤り）志磐《しばん》は三つの視点から解釈している。つまり、①聞く人の能力・素質に合わせて説いた仏の教えだから（いわゆる対機説法）、②経典編纂の部派が異なるから、③中国に伝えられ翻訳された時代に差があるから、ということである。しかし、これではどれも信用できないではないか」と仲基は書いています。

【読み下し】

もし、仏、機に赴きてこれを説くとなさば、これ乃ち妄語、また何ぞ人に示すに毘《び》尼《に》をもつてせん。またもつて、結集部別不同なりとなさば、これ何ぞ、それ仏の所説たるにあらんや。経説もまた、何ぞ信を取るに足らん。何ぞその濫なるや。またもつて、伝訳前後不同とせんか。これ訳師もまた信じがたしとなせるなり。

【現代語訳】

もし仏がひとの能力・素質に合わせて教えを説いたとすれば、これこそまさに嘘をついたことになる。そうしながらどうしてひとに戒律を説くことができようか。また、経典編集の部派が同じでなかったとすれば、それならそれを、どうして仏の説いた教えとすることができよう。経説もまた、どうして信ずることができよう。何という混乱であろう。また、経典が伝えられ翻訳された時代に前後の差があったためだとしようか。しかしこのことは、訳者もまた信頼できないことを意味する。

ここは注目すべき点でしょう。繰り返しになりますが、仲基は若き日に構築した「加上」の道筋をもって仏典にアプローチをしました。テキスト・クリティークという思想史研究の方法論によったのです。

しかし、同時に、「宗教聖典としての仏典」という問題も考察していたことがわかります。宗教聖典がもつ権威の相対化は、仲基の感性や性分の面が強いと思われます。それが本書の随所に顔を見せていることは間違いありません。

第四章では、「故に曰く、世界は心に随ひて起こると、これなり（だから、世界は心にしたがって起こると、こういうのである）」とも言っています。『華厳経』にある「三界[※18]唯一心」にかけているのです。これは、仲基の実感なのか、揶揄なのか、いずれとも言い難い感じです。しかし、この章のまとめとしては、とても見事な着地であると思います。

第五章「三蔵《さんぞう》・阿毘曇《あびどん》・修多羅《しゅたら》・伽陀《かだ》」（阿毘曇は論、修多羅は経、伽陀は偈《げ》のこと）

三蔵とは、仏教の典籍の総称です。そのうち、〝経〟という範疇に収められたものを「経蔵」と呼び、律（禁止行為や僧伽《そうぎゃ》の運営事項など）をまとめた「律蔵」、教義や教理の解釈・解説をまとめた「論蔵」と合わせて三蔵と呼称します。

仲基は『増一阿含経』や『出曜経《しゅつようぎょう》』から、三蔵が説かれた経緯に迫っています。例によって、もともとはもっと少部のものであったのに、後世の教団拡大にしたがって膨大な典籍になったと語ります。「経・律・論」いずれも後世の制作だと言うのです。

ここで仲基は「偈」(詩句の体裁で述べたもの。ガーター〔伽陀・偈頌《げじゅ》〕)に注目しています。「経は順序・次第に貫かれ体系立った教説であるのに対して、偈は個別的である。だから本来は経の部分(長行《じょうごう》)が経典の中心であるはずなのに、むしろ偈が中心であるように見える。これは、中国の教学が楽器の調子に合わせて詠唱されてきたからだ」、そのように仲基は推測します。

このあたりは「楽律」について深い考察を積んできた仲基ならではの推理ですね。今日では、おおよそ偈の方が長行よりも先に成立したことがわかっています。最近の言語学による研究で、かなり詳細に解明されてきているところです。

第五章では、韻を踏んで聖典を読誦《どくじゅ》するのはインドでも中国でも日本でも同じだ、と述べられています。さらに偈の読誦は、単に記憶しやすいから、などといった利点だけではなく(「ただに、誦読にこれ便するならず」)、教えというのは素晴らしい歌唱に託されて説かれるものであるとしています。それは人の心に合ったものだというのです。これも、自身も音楽に精通し、後述する『楽律考』を著した仲基らしい見解でしょう。

仲基は、決して学術的な理に終始した人ではなかったと私は考えています。宗教という営みは、人間にとってどのようなものであるかを視野に入れながら立論したのだと思うのです。たとえばこの第五章には、宗教における音楽性の問題に言及しているのですが、経典に偈頌があるのは「記憶しやすいから」と「人の心の願いに添うから」だとしています。ここからも、仲基の、人間の心の機微や宗教文化への目配りをうかがい知ることができます。

また、この章には「言に物あるなり」のフレーズが登場します。出ました、仲基オリジナルの言語論です。

〝物〟とは、言語の成立を規制する条件のことです。これについては第十一章で詳しく述べられることとなります。ここでは「言葉は時代の制約を受ける。言葉の指す内容は時代によって変遷する」といった意で使われています。

第六章「九部経・十二部経・方等乗《ほうどうじょう》」（方等は大乗仏教のこと）

この章の冒頭、「九部経・十二部経は一切経のことであるから、これを大乗と小乗に分けるのは誤りである」と述べています。

なぜわざわざこのような指摘をしているのかと言えば、「小乗の経典は不完全である」との大乗側からの批判を正すためです。また、「大乗側では、大乗の教えは小乗にないと強調するが、小乗の中にも大乗的な教えはある」とも語っています。

実は、はからずも仲基のこの指摘はとても重要な示唆を含んでいます。というのも、今日の研究では、初期経典（小乗の経典）と大乗経典の成立は単純に前後の関係でないことがわかっているからです。初期経典もかなり長い期間を経て成立しており、古い部分と新しい部分とが混在しているのです。そのため、初期経典の中に、大乗仏教思想を見出せる場合があります。

ここで少し、九部経と十二部経についてお話ししてみましょう。

仏典を九つに分類（九部経・九分経）する考え方と、十二に分類（十二部経・十二分経）する考え方は、意外と時代差は大きくないようです。しかし、やはり九部経分類の方が先行していたと思われます。九部経分類は、パーリ九分経とも呼ばれ、パーリ語経典に載っています。以下に列挙します。

（1）釈尊の教えを簡潔な散文にまとめたスッタ（経）
（2）散文のスッタとガーター（韻文）を組み合わせたゲイヤ（重頌《ちょうじょう》）
（3）問いとそれに対する解答をまとめたベイヤーカラナ（問答）

（4）韻文でまとめたガーター（詩偈《しげ》）
（5）釈尊が感興によって発せられた韻文のウダーナ（感興詩）
（6）ゲイヤの発達した形式イティブッタカ（如是語、『如是語経』という経典がありま す）
（7）釈尊の前生を物語るジャータカ（本生話《ほんじょうわ》）
（8）問答を繰り返す特殊な形式ベーダッラ（教理問答）
（9）不思議なできごとを述べるアップタダンマ（未曾有法、『未曾有経』という経典があります）

この九部経分類に、三つを加えた十二部経分類は、大乗経典において用いられています。加えられた三分類は、

（1）戒律制定の事情を述べるニダーナ（因縁物語）
（2）過去仏の世のできごとを物語るアバダーナ（過去世物語）
（3）解釈説明の形式ウパデーシャ（釈論）

合わせて十二部となり、九部経より発達した形と考えられています。

ところで、この中の「ジャータカ」や「アバダーナ」は、説話形態となっており、さまざまな譬喩《ひゆ》や物語を駆使した内容となっています。譬喩をもちいて教えを説くことは、原始仏教以来盛んでした。釈迦自身も、蛇や火や犀《さい》の角といった譬喩を使って教えを説いたと考えられます。

一時期は、部派仏教においてダールシュターンティカ（譬喩者）というグループまでありました。説一切有部派の中で、譬喩を使って語る人たちだったようです。ただ、異端グループとして扱われたらしく、実態は明らかではありません。譬喩者という呼び名も、他称であり、蔑称だったと考えられます。この人たちは後に、「サウトラーンティカ」（経部・経量部。経典の誦者という意味で、経以外の論などを扱わないといった意味）になったとも言われています。

譬喩者たちは経典編纂にも影響を与えました。つまり、仏教の中で〝もの語る〟行為が発達・展開したのです。

部派仏教で〝もの語り〟の営みに力を注いだ人たちを、「バーナカ」と言います。どうもこの人たちはサンガ集団にもあまり従わず、自由な立場でもの語ったようです。仏典『マハーバスツ（大事）』では、バーナカたちを芸能者や手品師や軽業師と並んで楽師（語り部もこの仲間）の一種として記述しています。蔑視されたのでしょう。

やがて「ダルマバーナカ（法師）」と呼ばれる人たちが登場するにつれて、バーナカたちは記録から見えなくなります。ダルマバーナカは、説法者です。仏教の〝もの語り〟が成熟した結果、登場した人たちです。

ダルマバーナカたちは、大乗仏教の起源を解く鍵だと思います。少なくとも大乗仏教を推進したのは彼らでしょう。

『般若経』でもダルマバーナカが出てきて、一生懸命に語るのにあくびする僧侶の話があります。私は『法華経』はダルマバーナカたちの経典だという印象を持っています。いわば、譬喩や説話を駆使した語りが原型だったのでしょう。しかも一般の人々向けの〝もの語り〟という性格が強かったのではないでしょうか。そういう眼で『法華経』を読むと、この経典の本当の魅力が見えてくるように感じます。

おそらく、当時、般若経系のダルマバーナカと、法華経系のダルマバーナカがいたのでしょうね。前述したように、大乗仏教も決してひとつのムーブメントではなく、いくつもの系統があったのです。

話を『出定後語』の第六章にもどしましょう。

仲基は九部経・十二部経について述べ、さらに大乗[※19]の上に、仏乗・一乗を説く教えがあることを取り上げ（『法華経』や『華厳経』の教え）、「これも一部の主張である」としています。これまでの小乗・大乗をひとつにまとめようとする思想もまた、上書きされた説だというのです。

あるいは、『楞伽経』には、仏乗・一乗の上を行く無乗が説かれていることを紹介して、「いずれも屋上屋と加上している」と述べています。菩薩乗・仏乗・一乗いずれも別のものではなく同じ内容であり、屋上屋を重ねた説のひとつだと仲基は分析しています。

第七章「涅槃・華厳の二喩」

ここで仲基は『涅槃経』の「五味の比喩」と、『華厳経』の「四照の比喩」を取り上げて、多くの学僧たちがその意をつかみ損なっていることを批判しています。

まず、『涅槃経』の解釈について、次のように述べています。

【大意】

「五味の比喩」は、釈迦の教えが次第に熟成していくことを、「牛から乳がしぼられ、乳から酪《らく》がつくられ、酪から生酥《しょうそ》がつくられ、生酥から熟酥《じゅくそ》がつくられ、熟酥から醍《だい》醐《ご》がつくられる」と喩《たと》えたものである。『涅槃経』には単に「仏は十二部経を説き、十二部経から一切経典が説かれ、一切経典から大乗経典が説かれ、大乗経典から般若波羅蜜の教えが説かれ、般若波羅蜜から大涅槃が説かれた」とあるだけなのに、これを「釈迦の教えは、当初『華厳経』が説かれ、次いで『阿含経典』が説かれ、次いで『維摩経』などの『大乗経典』が説かれ、さらには『般若経典』が説かれ、ついに『涅槃経』を説くに至った」などと主張している。無理に「五時」※20に結びつけているのである。これは『涅槃経』の意趣を見失っている。

また、『華厳経』についても、次のように言います。

【大意】

『華厳経』の「性起品《しょうきぼん》」には、「日が出ると、まず最も高い山の王を照らす。次いで高い山を照らし、次に金剛宝の山を照らし、そうした後にあまねく大地を照らす」という比喩がある。これは、如来の教えには浅深の差はないが、最初に説かれたものが一番素晴らしく、その後は教えの対象に応じて説かれていったことの比喩である。最初に説かれたものとは『華厳経』だ。これを天台の五時に当てはめようとするから、『法華経』『涅槃経』は第五期に説かれたなどという話になってくる。

つまり、『涅槃経』の「五味の比喩」と、『華厳経』の「四照の比喩」を使って五時を説こうとするのは誤りであるといった指摘なのです。

仲基によれば、「五味の比喩」とは、仏道における味わいのことであって、成立年代を説いたものではないというわけです。このように従来の経典解釈を、原典の精読を通して批判していくのが仲基の手法です。

また、仲基は、天台大師の本旨を後世の学者が誤解している、とも書いています。『涅槃経』は「最後」の比喩であり、『華厳経』は「最初」の比喩なのであって、天台大師はこの相違を理解しており、わかりやすくするために、二つの比喩を組み合わせたのに、これを後世の学僧・学者がわかっていない、と言うのです。「天台宗第四祖の章安などが無理にこじつけているけれど、理に合わない」などと書いています。

ところで、『出定後語』では、何度も天台宗の五時八教への言及があります。第一章でも触れましたが、長期間にわたって編纂されてきた膨大な仏教経典のすべてをそのまま釈迦ひとりへと収斂するならば、随所に論理破綻が起こってしまいます。そのため初期仏教や上座部仏教や大乗仏教の思想をつなぎ合わせ、論理破綻を繕《つくろ》うために、中国や日本の仏教では独特の理屈を構築してきました。その中で、仏説を類型に分けて、全仏教フィールドの中で自分の宗派を位置づける（さらに自宗の優位性を主張する）という思想ができ上がります。

それが教相判釈《きょうそうはんじゃく》です。教相判釈で有名なものとして、華厳宗の五教十宗[※21]や真言宗の顕密二教[※22]などがあります。しかし、日本仏教において最も有力な教相判釈は、なんといっても天台宗の五時八教です。いわば、仲基の加上説にとって五時八教は、打ち破るべき巨大な壁だったわけです。このことは本書の「第五部　富永仲基はどう語られてきたか」でも取り上げています。

第八章「神通」

この章で、仲基は今日で言うところの文化人類学的視点を提示します。すなわち、「俗」と仲基が名づけたものが、それです。

「俗」は、文化特性や民俗や習俗の傾向のことを指します。仲基は「国に俗あり」と語り、「インドの俗は幻を好む（神秘主義的傾向が強い）」「中国は文を好む（レトリックを重視する傾向が強い）」「日本は秘を好む（隠蔽する傾向が強い）」と評しています。

第八章では、「インド人の習俗は幻術であり、漢人の文辞と同じである。そうしないと民衆は信用しないのだ」と述べています。

【大意】

釈迦以前の宗教者たちも幻術を使って教えを広めた。だから、釈迦が加上によって自説を立てた際も、神通をかりて広めるほかはなかったのである。

『大智度論』や『大宝積経《だいほうしゃくきょう》』には、仏はさまざまな神通《じんずう》・神変によって人々を導いた話が出てくる。異教徒は幻術と呼び、仏教では神通と呼んでいるだけで、同じものである。

仏典にしばしば登場する神通（不可思議な力・超能力）をこのように解釈するわけです。つまり、神通を説くことでインドの人々に受け入れられていった、神通を説かねばなかなか受け入れられない、それが仏典に説かれる神通の正体だと言います。

さらに、「外道はこれを幻と謂《い》ひ、仏はこれを神通と謂ふも、その実は一なり」とあります。このように、「これは同じ。これは違う」という分類と批評性が本書の一貫した立場なのです。

仲基は十二部経における「未曾有（原義は〝驚くべきこと〟であり、稀有な出来事や不可思議な出来事を指す）」は幻術であり、「本事（過去世の出来事）」「本生《ほんじょう》（釈迦の過去世の物語）」「授記（未来に仏と成る予言）」「因縁（原因・由来の物語）」「方広《ほうこう》（広大で深い教え）」も幻術だと言います。

【大意】

彼の眼から見れば、仏教言説の大半が幻術なのです。

大衆部には『陀羅尼経《だらにきょう》』があり、『菩薩地持経《ぼさつじじきょう》』には四陀羅尼が説かれている。他にも経典には幻術の話が多い。それはインド人が好むからである。また、弟子たちが釈迦の言葉と称して自説を立てて、それぞれが加上していくのも幻術であり、六道輪廻も幻術であり、過去七仏も梵天勧請《ぼんてんかんじょう》も、すべて幻術である。

この章では、仲基と彼の友人・子熙《しき》（三好棟明《みよしむねあき》）との間で交わされた議論が記されています。

以前、子熙が仲基に「竺人《じくじん》、無量・無辺等の語を好む。その性《しょう》、しかり（インド人は無量・無辺などという言葉を好んで用いるが、その性情よりしてそうなのだ）」と語ったことがあるようです。

これに対して仲基は、「漢人《かんじん》の、文辞《ぶんじ》佶屈《きっくつ》の語を好み、東人《とうじん》の、清介質直《せいかいしっちょく》の語を好むも、またその性、しかり（中国人がことさら文辞の表現にむずかしく読みにくい言葉を好み、わが国の人がさっぱりした素直な言葉を好むのも、その性情がそうなのである）」と応じたとのこと。仲基は友人たちとこのような議論をしていたことがわかります。

さらに仲基は、

【大意】

因果応報や天と地獄などはもともと仏教以外の説であったが、釈迦はこれを取り入れて並以下の人を導き、成仏離相という説によってそこから出た、優秀な人を導いた。これは間違ったことではない。なぜならそれがインド人の性情に合っているからである。しかもこれは方便である。儒者は鬼神のことで仏教を批判し、仏教徒は儒教にはそういうものがないから批判する。いずれも方便がわかっていない。古代から、人は習俗に合わせて教え導いてきたのだ。「俗」を理解せずに非難し合うのはまったく血気の勇である。

と語っています。習俗や風土などを知らずに批判しても、それは的外れだと言うのです。

注目したいのは、この章で「およそ天下の僧伽にして、もし仏が幻を仮《か》るを知り、天下の儒史にして、もし儒が文《ぶん》に由るを知らば、則ちその道におけるや、なんぞただ一咫《し》一尺《せき》ならん（およそ世の僧にして、もし仏が幻術をてだてとしたことを知り、世の儒者にして、孔子の教えが文辞によっていることを知るなら、そのときは、その道を修めて遅々とした歩みに停滞することはないだろう)」と述べている点です。仲基はその思想体系の習俗や傾向を理解することで、修道や学びが進むと考えていたのです。

荒唐無稽な話を単にバカにするのではなく、「それは性情であり、文化である」と捉え、自文化中心の眼で批判するのは間違っているとした仲基。ここは仲基の思想を評価する上で、おさえておかねばならないところでしょう。

第九章「地位《じい》」(菩薩の階位)

第九章では、仏道における立ち位置や修行の階位が説明されています。

※23

声聞《しょうもん》・縁覚《えんがく》は大乗からの貶称《へんしょう》である、という指摘から始まります。

声聞とは弟子・門弟という意味です。これが仏教では出家修行僧を指すようになり、大乗仏教からは「自己の悟りのみに専念する出家者」の貶称として用いられました。大乗仏教では自利利他(自らの悟りを求めることと、他を救うことの両面を兼ね備える)を理想とするためです。縁覚は独覚《どっかく》とも訳され、師に拠らず独自に悟りを得た者を言います。仏教に拠らずとも悟りを開くことができるわけですね。これも大乗仏教からは自己中心的な者だと批判されました。仲基も「縁覚は独覚とも言い、因縁があって悟ること で、仏に導かれて悟るのではない」としています。

ここでは、声聞の解釈も経典によって差異があることを指摘しており、縁覚の解釈も『涅槃経』や『瑜伽《ゆが》論』や『大智度論』などでそれぞれ異なることを述べています。

おもしろいのは、「縁覚は、ちょうど儒教で言うところの私淑と同じだ」などと述べているところです。このように時々儒教の話を差し込んでくるのが、『出定後語』の特徴なのです。こういうところにも、「仲基の加上説は儒教研究から発想されたもの」という仮説（後述）を裏付ける痕跡がありますので、ぜひご記憶ください。

続いて菩薩の説明がおこなわれます。仲基によれば、菩薩とは「自らの悟りにとどまらず（声聞・縁覚はここでとどまる）、他者のために活動する存在の総称」となります。

「『無量義経』に本来の菩薩の意味が説かれているが、『善戒経《ぜんかいぎょう》』には〝名字菩薩〟〝非義菩薩〟〝菩薩のセンダラ〟、『説無垢称経《せつむくしょうきょう》』には〝有疾《うしつ》菩薩〟、『大智度論』には〝初心敗壊《はいえ》の菩薩〟が説かれており、『瑜伽論』には菩薩が修行を失敗することについて述べられている。つまり、これらは各派の意見なのであって、本来の菩薩の意味に加上したもの」と、各経典にはさまざまな菩薩が説かれていることを明かします。

多くの文献を比較検討して、加上がなされていることを証明しており、加上説を理解するためにも、実にわかりやすい事例だと言えるでしょう。仲基は、各派がそれぞれに加上することを「異部加上の説」と呼んでいます。

【大意】

声聞には※24四果《しか》（預流《よる》・一来《いちらい》・不還《ふげん》・阿羅漢《あらかん》）が説かれている。これはそれぞれ儒教の教えと対比することができる。阿羅漢は仏の一名であり、儒教で言うところの聖人である。だから、阿羅漢を「声聞だ」として退けるのは、後世の異部加上なのである。「有部」には三賢・四聖という仏道の階位がある。『仁王般若経』には五十一の菩薩の階位があり、『菩薩瓔珞本業経《ぼさつようらくほんごうきょう》』に五十二位、『華厳経』に四十一位、『大品般若経』に四十二位、『首楞厳経』に五十七位がある（六十聖位とも述べられている）。『涅槃経』では、阿羅漢は第十地に住するとされ、『菩薩瓔珞本業経』では第七地が菩薩、『大智度論』『唯識論』では菩薩は初地以上となっている。とにかく、それぞれが自説に執着して互いに加上して、もともとをゆがめている。互いに齟齬するのは当たり前なのだ。問題はこれらを無理やり結びつけることである。ここに後世の学者の誤りがある。これらを一緒にしたり、つじつま合わせしたりする必要はないのだ。有部は有部、空宗は空宗、それぞれの道を証するのだ。小乗の道を歩む者が、大乗優位の説に影響されて、回心する必要もない。いずれの説も、実際には長所や短所がある。

このように、仏道のステージを比較検討した上で、加上説を展開しています。そして、思想史的に把握することで、それぞれの体系化をより正しく理解して、各自の道を歩めばよいと語るのです。

第十章「七仏《しちぶつ》・三阿《さんあ》僧祇《そうぎ》劫《こう》」

仏典には「過去七仏」と言って、釈迦を含めた七人の仏陀（覚者）が説かれています。釈迦が七番目の仏陀となります。しかし、仲基は「釈迦を過去七仏に含めるのは間違いだ」と言います。経典によっては釈迦自身が過去七仏について語っているから、というのがその理由です。

仏教には、この世界は生滅を繰り返してきたとする存在論・時間論・世界観があり、仏道は遥かいにしえから続いており、成道した諸仏がいて、その蓄積が釈迦によって説かれたとします。そのため、釈迦以前の仏陀の存在は初期仏教より説かれてきました。しかし、この過去仏思想は、初期仏典においても一定ではなく、今日ではいくつもの思想系統・信仰系統があると考えられています。

当然、仲基は各仏典の相違に注目しており、さらに大乗経典において加上された部分を記述しています。『華厳経』には十仏、『仏名経《ぶつみょうきょう》』には二十五仏、『決定毘尼経《けつじょうびにきょう》』には三十五仏、『観薬王薬上二菩薩経《かんやくおうやくじょうにぼさつきょう》』に五十三仏が説かれており、このような事例を見つけるにつけ、仲基は自身の異部加上説の確かさをますます実感していくのです。

【大意】

釈迦が修行の末に、菩提樹の下で悟りを得たのは真実である。しかし、それ以前に三阿僧祇劫の修行があったというのは幻なのである。さらに無量劫とするのは、これぞ幻の中の幻である。

さらに一念成仏（一瞬にして仏に成る）などというのは、頓部氏（頓教系のグループ）による加上である。『法華経』には八歳の龍女の成仏が述べられているが、つまりは年齢性別に関わりなくたやすく成仏できることを説いたものである。これは従来の説を破るものである。それを読みそこなってはいけない。

つまり、「悟りまで長期間かかるという説に立脚するグループ」と「一足飛びに悟ることができるとする説に立脚するグループ」があったということであり、そのために相違するのであるとしています。そして仲基は、これらをつじつま合わせなどしなくてよいのだ、と主張します。

第十一章「言に三物あり」（言葉の三つの条件）

ここでは仲基流言語学が展開されることとなります。本書の「序」でも仲基の思想的特徴として挙げた「三物五類」と称されているものです。

『楽律考』においても、「言に物ありとは、わが学の立てるなり」と記述しています。この説は仲基のオリジナルだということです。三物五類については、水田紀久が適切にまとめているのでご紹介しましょう（前掲「『出定後語』と富永仲基の思想史研究法」）。

三物とは、

「言に人あり」（部派の相違）

「言に世あり」（時代の相違）
「言に類あり」（用法の相違）

となります。

しかし、五類の方は仲基の規定が明確ではありません。『出定後語』の第十一章には、

「張《ちょう》」（拡張・抽象・比喩的用法）
「泛《はん》」（未発・一般・普遍的用法）
「磯《き》」（激発・深化・徹底的用法）
「反《はん》」（反意・逆用・対義的用法）

の四つが述べられており、第二十五章に「転（推論・演繹・変革的用法）」が出てきて、総計五つとなります。

松岡正剛は、五類について「張」を〝意味の拡大〟、「泛」を〝包括化の誤謬〟、「磯」を〝激して使いすぎること〟、「反」を〝反意に解釈すること〟と、わかりやすく定義しています（松岡正剛『遊学I』）。

ただ、『出定後語』の第十一章には「偏（具体的・局部的・基本的事実概念）」という分類法も使っており、合わせると六類になってしまいます。「偏」は〝意味の狭義化〟

といったところなのですが、これら六つのうちのどれをもって五類とするのかは研究者の意見も分かれるところです。

ちなみに水田紀久は、「偏」は実義的用法であり、「張」「泛」「磯」「反」は転義的用法であって別分類、そして「転」は「磯」「反」の思考へと至る前の段階ではないかと推理しています。仲基本人も、「五類」の数え方が混乱していたのかもしれません。

「家言」——言葉は語る人によって変化する

この第十一章では、「般若経典に仏性という語はない。阿含経典に陀羅尼という名称はない。『金光明経』の三身、『仏地経論《ぶつじきょうろん》』『菩薩瓔珞本業経』の二身、『楞伽経』『摂大乗論』の四身、『華厳経』の二種の十身、『大智度論』の四魔、『罵《め》意経《いきょう》』の五魔、『大智度論』の三天、『涅槃経』の四天、『維摩経』の不可思議、『金剛般若経』の無住、『華厳経』の法界、『涅槃経』の仏性、般若経典の一切種智、『金光明経』の法性《ほっしょう》、『法華経』の諸法実相、これらはみなその経典編纂者特有の考えを表す言葉である」としています。それを仲基は「家言」と呼びます。

つまり、大乗経典の『涅槃経』のように仏性という用語を使っていたら、その経典は般若経典以降の成立であるということだと言うのです。『大品般若経』には陀羅尼という用語が出てきますが、それは阿含経典より後にできたことの証左になるとしています。

そして、『金光明経』には、仏には法身《ほっしん》・応身《おうじん》・化身《けしん》の三種類があって、真実の在り方である法身や仮の姿である応身・化身が説かれていますが、それも経典によって異なることに言及しています。真実と方便の二身を説く経典もあれば、四身を語る経典もある。たとえば、浄影寺《じょうようじ》の慧遠《えおん》などの傑僧が、二身や三身といった経典による差異を、なんとか整合性をとろうと無理やり論理展開したりしている。仲基に言わせれば、そんなつじつま合わせをするからよけいに本質を見失うのだ、といったことになるでしょうか。

それに「家言」とはおもしろいですね。いわば、その派のジャーゴン（自分たちだけに通じる特殊用語）に過ぎない、と言っているようなものですから。かなり痛烈です。

このように、言葉というのは語る人によって変化し、バイアスや制約を受ける――これを仲基は「言に人あるなり」と表現しています。

さらに、言葉は時代の制約を受ける（「言に世あるなり」）、すなわち時代の推移によって発音も変わる、そうなると仏典の翻訳者の用語も変わる、そのように述べています。

また、「『大智度論』に〝経典をもって仏の舎利（遺骨）とする〟などとあるが、これは本来の舎利の意から拡大したもの（張）である」と、三物五類説が展開されていきます。

ついでに仲基は、「神道で高天原をもって心の本体とする」といった話も「張」であるとしています。仲基は、拡大解釈されたものと、本来の基本概念（偏）とをきちんと見分けなければ、学問は成り立たないと主張するのです。

真実がそのままの姿で現れるという意であった「如来」が、「如来蔵」のようにもっと大きな概念を表現する用語として使われるような場合は、包括的用法（泛）に分類できる、とします。

この「如来蔵」が、『大方等《だいほうどう》如来蔵経』のように「さまざまな煩悩の中に存在する」などとなれば、とても激発的な使い方（磯）に分類します。

もともと悪い意味であった「自恣《じし》」が、善を表すことへと反転する場合（反）もあります。言葉には以上のような類別があり（「言に類あるなり」）、この三つの条件（三物）によって言葉を解いていくのが自分の立場であるとしています（「およそ、言に類あり、世あり、人ある、これを、言に三物ありと謂ふ。一切の語言、解するに三物をもつてする者は、わが教学の立てるなり」）。

玄奘の五種不翻

このように、第十一章には仲基の明瞭な方法論が明かされています。まさに近代以降の学術研究の手法です。三つの条件と五つの類別は、正しい立論をするための方法（三物五類は立言の紀）なのです。

この方法論によって仏典解読は進められていきます。「盧遮那《るしゃな》」と「毘盧遮那《びるしゃな》」は、新旧両訳の相違であり、このように言語は時代の条件があるのだとしています。「この用語は、もともと釈迦を讃えた言葉だったが、ついに如来の名前になったものである。これはちょうど、儒教で堯《ぎょう》を放勲《ほうくん》と言ったのに似ている（堯は古代の天子の名前。放勲は堯を讃美した言葉）」などと述べ、後世の学者がこのことを勘違いして、別々のものに分けてしまう可能性を指摘しています。時代による変化を見抜けず、無理につじつまを合わせようとすれば、間違いが起こると言うのです。

ところで、本章の最後に仲基は「玄奘《げんじょう》の五種不翻《ふほん》」を取り上げています。玄奘は、仏典翻訳に際して「五種類の言葉に関してはあえて翻訳しない」（梵語の音に漢字を当てる）という原則を提示しました。

1. 真言のように、秘密の言葉の場合
2. 「バガバッド（薄伽梵《ばがぼん》）」のように、一つの語でいくつもの意味がある場合
3. そのモノ（例えば植物や動物）が翻訳する地域にない場合
4. 昔から翻訳しない習慣がある場合
5. 翻訳しない方がより良い心を生じさせる言葉である場合

これを「五種不翻」と呼びます。
この玄奘が提示した原則に対して、「バガバッドのような梵語だけが多義的なのではなく、中国語も日本語も多義的なのだ」と言い放ち、「五種不翻」にまで疑義を呈するあたりが、実に興味深いのです。

第十二章「八識」
第十二章では、「識《しき》」の問題が語られます。「識」とは、分別して認知する能力や働きのことです。

「仏教の初期では六根と六識が説かれていたが、その後、次第に異部加上がなされていった」と指摘しています。異部加上とは、第九章の項でも紹介したように、各派がそれぞれに加上することです。

仲基は「『瑜伽論』や『阿毘達磨雑集論《あびだつまぞうじゅうろん》』では七識を中心として、八識が立てられている。『成唯識論《じょうゆいしきろん》』は八識を主としている。『楞伽経』は、八識・九識が立てられる。『釈摩訶衍論《しゃくまかえんろん》』では十識となる。いずれも、異部加上の説だ」と言います。「玄奘は加上がわかっていないので、『第九は第八の異名』などと強弁するはめになる。頭が固い」などと揶揄しています。三蔵法師も、仲基にかかると形無しです。

さらに、（識と同様の意味に使われてきた）心や意は中国語であり、阿頼耶《あらや》や阿陀那《あだな》は梵語であるため、その趣きは異なるとしています。「だからうまく結びつかない。各言語のもつ本意を知った上で理解すべき」といった主張を述べています。

これもその通りだと思います。翻訳の問題はどの領域でも起こりますね。第三章の項で指摘したように、仲基自身も漢訳仏典を読んでの推理であるため、勘違いしたところがあります。ただ、仲基は「原語と翻訳のズレ」についてはきちんと意識していたのです。

第十三章「四諦・十二因縁・六度」

この章で仲基は、何が仏教の骨子かを全般的に語っています。上巻のラストをかざるにふさわしい章だと言えます。

特に、仏教の根本教説である四諦《したい》について述べるくだり。「諦」とはあきらかにすることであり、「道」と同じ意味であると述べているところは要注目です。仲基は『翁の文』において「誠の道」を主張するのですが、〝あきらかにすることが即ち歩むべき道である〟といったとらえ方は、彼の思想的感性の軸にあると思います。

第十三章は、「四諦」の説明から始まっています。『遺教経《ゆいきょうぎょう》』の文章を引用して、「苦諦とは根源的な苦悩のことであり、集諦《じったい》とは苦の原因、滅諦とは苦が滅すること、道諦とは滅諦へと至る道」と述べ、『思益梵天所問経《しやくぼんてんしょもんぎょう》』『涅槃経』『勝鬘経』などに異なった解釈があることを紹介し、それは異部加上であるとしています。

次に、「十二因縁（無明《むみょう》・行《ぎょう》・識《しき》・名色《みょうしき》・六処《ろくしょ》・触《そく》・受《じゅ》・愛《あい》・取《しゅ》・有《う》・生《しょう》・老死《ろうし》）」をひとつひとつ見ていきます。

仲基は、「十二因縁（十二支縁起）」は、苦の発生メカニズムと、それを滅する道筋を説いたものであることを、きちんと解説しています。「行は無明（ものごとの本質がわからない状態）から生じる行いであり、この行いによって識のあり方が変化する。六処は六根のことで〝気〟みたいなものである」と言います。実は、行は〝行い〟ではなく、もっと潜在的な作用なので、ここは間違っています。ただ、このように儒教や神道の説と比較対照するところがこの人のおもしろいところです。

「触・受は感覚や感情の発生であり、愛・取・有は愛欲と執着の行為であり、生・老死は老いて死んでいくことである」としています。これも、字面を解釈しただけの、かなり薄っぺらな理解だという印象を受けます。

仲基は、十二因縁はもともと個人の生涯のことを指すととらえています。ゆえに、十二因縁を過去・現在・未来の三世にわたった因果関係とみる『倶舎論』を神秘主義的であると批判します。さらに、『大集経』のように十二因縁を「一念（一刹那の心）」であるとすることも、「阿含経典」にあるような「順・逆の観想」も、さらには十二因縁を循環的にとらえる立場も、それぞれ異なる学派の説であるとの考えを述べています。

このように、本書ではしばしば「阿含経典」も加上されたものであるとの意見が書かれています。仲基は「阿含経典」が大乗経典に先立つことを理解した上で、初期仏典にも加上がなされてきたと考えていたのです。

本章では、十二因縁に続いて、※25六度《ろくど》（六波羅蜜）が語られます。仲基は『大毘婆沙論』にある四波羅蜜に注目し、「これが原型であってそこに二つ（禅定波羅蜜と般若波羅蜜）が加上されたのではないか」という推論を述べています（ただし、『大毘婆沙論』の四波羅蜜は「施・戒・精進・般若」ですので、加上されたとすれば「忍辱・禅定」となります。仲基の勘違いでしょうか）。さらに、「『大智度論』には五波羅蜜という用語が出てくる。ここに空を説くグループが般若波羅蜜を加えたのだろう」とします。禅定波羅蜜も禅定の実践を強調するグループが加えたものであり、その流れが禅宗を生み出したのだろうと言います。

六度（布施波羅蜜・持戒《じかい》波羅蜜・忍辱波羅蜜・精進波羅蜜・禅定波羅蜜・般若波羅蜜）の中、禅定と般若だけが（行為ではなく）心の働き（心業《しんごう》）に属していることを根拠にして、だからこの二つは後に加上されたのだ、と推論するのです。

仲基のテキスト読解

いかがでしょうか。富永仲基という町人学者が、どのような宗教的権威にも目を曇らせることなく、思想史の方法論をもって仏典を読み解いていく姿が見えてきたのではないでしょうか。

『出定後語』上巻を読み込んでいくことで、仲基のテキスト読解法がわかってきました。

ひとつには、用語の使用例の照会があります。第十一章にあるように、大乗仏典の『涅槃経』には「仏性」という用語が使われているが、般若経典には無い。そこで、『涅槃経』は般若経典以降の成立である、と推理するわけです。

また、話が付け足されている点に注目する手法をとります。第四章では、須弥山説が次第に拡大していったことに言及しています。また、第九章では、修行の階位はもともと四果だったものが、十地や五十二位をはじめ、さまざまに加上されていったことを指摘します。第十二章では、六識が八識や十識へと付け足されていった点に注目するなど、随所にこのような事例を取り上げて論じています。

他にも、後発の派が先行の派を（自派の優位性を主張するために）勝手にカテゴライズするといったパターンも指摘しています。たとえば第九章では、菩薩乗（大乗仏教の立場）が、先行する仏道を声聞乗と縁覚乗だと貶称した事例を取り上げています。

さらに、同じ内容の事柄なのに派によって呼称が異なるパターンにも言及します。第九章では、不退転の位（もう修行の階位が下がることのない境地）は学派によって表現や考え方が異なっていることを挙げています。また、第十一章では各派ごとのテクニカルタームを「家言」と名づけています。

そして、これらの手法を駆使したテキスト・クリティークを縦糸にして、三物五類や文化の特性や傾向（仲基は性《しょう》と表現しています）という横糸を通して、見事な論を編み上げていくのです。

聖書批評にも先んじて

考えてみれば、ドイツの聖書学者であるユリウス・ヴェルハウゼン（一八四四～一九一八）やヘルマン・グンケル（一八六二～一九三二）が旧約聖書の文献批評を行い、ルドルフ・カール・ブルトマン（一八八四～一九七六）が新約聖書の批判的研究を行う一世紀以上前の研究なのです。

聖書のもつ権威性をはぎ取り、文献批評の俎上に載せる営みは、十九世紀後半にドイツで本格化します。それはアメリカの各神学校で教えられるようになるほど興隆し、二十世紀初頭にはキリスト教文化圏において顕在化していきます（小原克博ほか『原理主義から世界の動きが見える』)。

もちろん、聖書批評の源流はもっとさかのぼることができますが、合理主義的解釈の先駆者であるドイツの哲学者H・S・ライマールス（一六九四～一七六八）やドイツの神学者J・S・ゼムラー（一七二五～一七九一）などと比較しても、仲基の仏典研究はほぼ同時代の取り組みであると言えます。

しかもドイツには、宗教改革やルネッサンスなどに聖書を批評する研究や方法論のルーツがあったのですが、仲基にはそれもありません。にもかかわらず『出定後語』のような書を生み出したのですから、見事と言うより他ありません。

――第二部注釈

【第一章「教起の前後」】

※1　無所有処天：いかなるものもそこに存在しないと知る三昧《ざんまい》の境地。

※2　非想非非想処天：何もないという無所有処天の境地さえも超えて、ないのでもなければあるのでもないという三昧の境地。

※3　加上されたものである：「序　早すぎた天才」十一ページ（「仲基のオリジナリティ」）を参照。

※4　識無辺処天：認識作用の無限性についての境地。識が無限であると感得する瞑想レベル。

※5　空無辺処天：空間の無限性についての境地。仏教の修行の階梯が発達するにつれて、さまざまな段階が設定された。精神集中の段階は初禅から第四禅まであり（四禅天）、さらにその上に「空無辺処」「識無辺処」「無所有処」「非想非非想処」（四空処天）が設定された。

※6　色界：欲界（欲望うずまく世界）・色界（欲望は消滅して、物質のみが存在する世界）・無色界（欲望も物質も消滅した世界）を総称して三界と呼ぶ。

※7　生天思想：出家者は悟りを開いて輪廻からの脱出（解脱）を目指すが、在家者は功徳を積んで輪廻の中の天界（神々の世界）に生まれることを目指す。これを生天と言う。戒を保持し、施しを行い、功徳を積んで、死後は天界へ生まれようとする信仰のこと。

※8　仏教史概説：釈迦の入滅後、すぐに主な弟子たちによって第一回の経典編集会議（結集《けつじゅう》）が行われる。このとき、経典についてはアーナンダ（阿難）、律についてはウパーリ（優婆離）、会議の

リーダーはマハーカッサパ（摩訶迦葉）が担当したとされる。やがて教団の中で戒律について保守派と革新派の対立が起こり、第二回結集が行われる。釈迦入滅後約百年あたりである。ここで保守派の上座部と、革新派の大衆部に分かれる。これを根本分裂と言う。さらに紀元前三世紀ごろから、十八から二十の部派に分かれ、部派仏教の時代へと移る。これを枝末分裂と呼ぶ。

※9　結集：出家者たちが集まって釈迦の教えを誦出《じゅしゅつ》して、互いに教説を確認し合い、合議のうえで聖典を編集すること。

※10　天台大師智顗：五三八〜五九八年。中国南北朝時代の梁・陳から隋にかけて天台教義を構築した人物。天台宗の開祖（慧文・慧思に継ぐ第三祖ともされる）である。

※11　祇園精舎：釈迦在世中に、コーサラ国につくられた寺院（精舎）。

【第二章「経説の異同」】

※12　アショーカ王の第三結集について：上座部の伝承によれば、釈迦入滅から約二百年後（紀元前三世紀半ば）に、マウリヤ朝第三代のアショーカ王の依頼によって行われた結集。大衆部系にはあまり記録が残っていない。

※13　カニシカ王の第四結集について：紀元二世紀頃、クシャーナ朝のカニシカ王の発願によって開催された結集。上座部では第四回結集となり、説一切有部の伝承では第三回結集となる。

※14　大衆部の律や有部の律について：大衆部の「摩訶僧祇律」、説一切有部の「十誦律」（および「根本説一切有部律」）が現在にも伝わっている。

【第三章「如是我聞」】

※15　瑜伽行唯識派：あらゆる存在も現象も識（心の働き）にすぎないとする立場に立つ学派。ヨーガを実践することによって、識から智慧への転換（転識得智）を目指す。

※16　鳩摩羅什：中国の五胡十六国時代末期の訳経僧。三五〇～四〇九年。インド貴族の血を引く父と、亀茲国《きじこく》（現在の新疆《しんきょう》ウイグル自治区アクス地区クチャ県付近）の王族である母との間に生まれた。原始経典や阿毘達磨仏教を学んだが、やがて大乗仏教へと転向し、中観派の諸論を研究した。後秦の姚興《ようこう》に迎えられ、長安へと入り、数多くの経論の翻訳を行った。『阿弥陀経』『大品般若経』『法華経』『維摩経』『大智度論』『中論』などの翻訳で知られる。門弟は三千余人に上ったという。

【第四章「須弥諸天世界」】

※17　須弥山と天界という仏教の世界観：須弥山説は仏教の独創ではなかったが、仏教の世界観として中国や日本にも広まった。世界の中心にある山であり、須弥山の東西南北には四大州と呼ばれる大陸が存在する。須弥山の外側は山脈に囲まれている。その外は海があり、また山脈がありと、あわせて九山八海の構造になっていると考える。
我々の世界の下方に地獄、上方に天界があるとする。天界は「欲界の天界」と「色界の天界」があって、「欲界の天界」は六道輪廻の中の世界を指し、須弥山の頂上にある。「欲界の天界」の四方には四天王衆天があり、真ん中には三十三天がある。その上空にも四つの天界があり、合わせて六欲天と言う。「色界の天界」は四つに分かれており、初禅天から第四禅天まである。

※18　三界唯一心：『華厳経』の「三界所有、唯是一心」に由来する言葉。世界は心の働きによって出現した影像《ようぞう》であり、心を離れて外界が存在するのではない、という意味。
三界とは、三有とも言う。仏教では、生存の在り方を①欲界（さまざまな欲望がうずまく日常的世界）、②色界（欲望はなくなったが、物質的なものが残っている世界）、③無色界（物質的なものがなくなった精神のみの世界）の三つに分けて考えた。無色界の頂点を有頂天（非想非非想処）と言う。

【第六章「九部経・十二部経・方等乗」】

※19　大乗の上に、仏乗・一乗を説く教え：仏乗とは、仏の乗り物のことである。大乗仏教はすべての人々を成仏へと導くので、「仏乗」や「一乗」と言う。また、声聞乗《しょうもんじょう》・縁覚乗《えんがくじょう》に対して大乗仏教を菩薩乗と言うが、この菩薩乗も仏乗と呼ぶ。『華厳経』にもこの思想が説かれているが、なんといっても一仏乗を強調する代表的経典は『法華経』である。

【第七章「涅槃・華厳の二喩」】

※20　五時：釈迦の成道から入滅までを五つの時期に分けて、それぞれの時期に経典を当てはめる考え方。仏教経典をすべて釈迦が説いた教説だとする立場に立つ。中国仏教独特の経典整理法。
もっともよく知られているのは天台大師智顗による「五時八教」説であり、①華厳時（『華厳経』を説いた時期）、②鹿苑時（阿含経典を説いた時期）、③方等時（『維摩経』や『勝鬘経』などを説いた時期）、④般若時（般若経典を説いた時期）、⑤法華・涅槃時（『法華経』と『涅槃経』を

説いた時期）となる。

※21　華厳宗の五教十宗：仏教の教えを分類し段階づけた思想で、代表的な教相判釈。①小乗教（小乗仏教の教え。阿含経典など）、②大乗始教（大乗仏教の中で、菩薩乗こそ成仏するという教え。『解深密経《げじんみっきょう》』や中観派や唯識説など）、③大乗終教（すべてのものが成仏する大乗仏教の教え。『大乗起信論』や如来蔵思想など）、④大乗頓教（段階的な修行ではなく、ある境地がそのまま仏であるとする教え。『維摩経』や禅宗など）、⑤大乗円教（すべてが互いに呼応・融合するという教え。『華厳経』や『法華経』など）が五教。

十宗とは、①我法倶有宗（法も我も実在すると説く立場。犢子《とくし》部など）、②法有我無宗（法の恒常的な実在性と無我を説く立場。説一切有部など）、③法無去来宗（現在のみの法の実在を説く立場。大衆部など）、④現通仮実宗（現在の法の中、主体である五蘊《ごうん》は実在するが、認識される客体は実在しないとする立場。説仮部《せっけぶ》など）、⑤俗妄真実宗（世俗の法は仮のもので、出世間の法が真実であるとする立場。説出世部など）、⑥諸法但名宗（法も我も仮に名づけられたもので、すべてに実体がないとする立場。一説部など）、⑦一切皆空宗（一切の法はすべて空であるとする立場。大乗始教）、⑧真徳不空宗（一切の法は真理そのものの現れだとする立場。大乗終教）、⑨相想倶絶宗（言葉や想念を離れた真実の境地を説く立場。頓教）、⑩円明具徳宗（究極・真実の円教の立場）である。

※22　真言宗の顕密二教：真言宗において仏教の教えを、顕教と密教の二つに分けたもの。後者は真実・究極の秘説を指す。

【第九章「地位」（菩薩の階位）】

※23　声聞・縁覚：三乗とは三つの乗り物のこと。声聞乗とは小乗仏教の出家修行僧を指し、大乗仏教からの貶称として用いられた。縁覚乗は独覚乗とも訳され、師に拠らず独自に悟りを得た者を言う。これも小乗仏教の者とされる。菩薩乗は仏乗とも称され、大乗仏教の道のことである。釈迦は衆生の素質に応じて、この三種の道を説いたとする。『法華経』は三種の別は方便であって、真実には一乗に帰すことを説く。

※24　四果：四つの修行の階位。①預流果（聖者の流れに入ること。最大七回、欲界中の人界と天界とを輪廻して悟りを開く位）、②一来果（一回、人界と天界を往来して悟りを開く位）、③不還果（欲界には再び還らず、色界に上って悟りに至る位）、④阿羅漢果（今生のおわりに悟り・涅槃へ至り、再び三界には生まれない位）を言う。大乗仏教では、小乗仏教の考え方であるとする。

【第十三章「四諦・十二因縁・六度」】

※25　六度（六波羅蜜）：大乗仏教における実践徳目。布施波羅蜜（施す実践）・持戒《じかい》波羅蜜（戒律を守る実践）・忍辱波羅蜜（堪え忍ぶ実践）・精進波羅蜜（たゆまぬ努力の実践）・禅定波羅蜜（精神を統一する実践）・般若波羅蜜（真理を見極める実践）の六つ。

第三部　『出定後語』下巻を読む

仏教経典の成立

引き続き『出定後語』を読んでいく前に、仏教経典がおおよそどのような成立順序であるのかを見てみましょう。

そもそも仏教経典が文字化されたのは、釈迦滅後、二百〜三百年経てからだと考えられています。それまでは口伝でした。初期の教えを伝えているパーリ語経典や阿含経典も、紀元前三世紀あたりから紀元後五世紀くらいまでかけて編纂・体系化されています。

一方、紀元前一世紀あたりから興隆する大乗仏教は、紀元後一世紀あたりから大乗仏教経典を編纂し始めます。大乗仏典は初期・中期・後期に分類されており、後期に大きな展開を見せる密教経典は紀元後十世紀くらいにまで至ります。

今日まで初期からの経典をきちんと残しているのは、上座部（テーラワーダ）で、この派の仏典はパーリ語で書かれています。

次によく残っているのが漢訳仏典です。これはサンスクリット語を漢訳したものなのですが、元となったサンスクリット語の仏典はまとまって残っていません。原典が残っている経典もあれば、残っていないものもあり、断片や引用でしかその姿がわからない経典もあります。いずれも長い間かけて集成・編纂されてきたので、古い部分と新しい部分が混在しています。

三蔵について

仏教経典の集成は、「三蔵」として構成されていて、その中の「経蔵」は次の通りです。いずれも複数の経典から成るカテゴリーです。

1. パーリ語仏典『ディーガ・ニカーヤ（長部）』。漢訳仏典では『長阿含経』（法蔵部系）に相当します。
2. パーリ語仏典『マッジマ・ニカーヤ（中部）』。漢訳仏典では『中阿含経』（説一切有部系）に相当します。
3. パーリ語仏典『サンユッタ・ニカーヤ（相応部）』。漢訳仏典では『雑阿含経』（根本説一切有部系）に相当します。
4. パーリ語仏典『アングッタラ・ニカーヤ（増支部）』。漢訳仏典では『増一阿含経』（大衆部・法蔵部系）に相当します。

5. パーリ語仏典『クッダカ・ニカーヤ（小部）』。これは漢訳仏典に相当するカテゴリーがありません。

次に「律蔵」ですが、第二部で述べた通り、今日では分別説部系の「パーリ律」、法蔵部系の「四分律」、化地部系の「五分律」、大衆部系の「摩訶僧祇律」、説一切有部系の「十誦律」「根本説一切有部律」という五部派の六つの「律蔵」が伝わっています。「経蔵」「律蔵」に「論蔵」を加えて三蔵となります。「論蔵」は、教義・教学の論書。解説・解釈・注釈を集めたものです。

さて、現在、仏教経典の最古層だとされているのは、『スッタニパータ（経集）』の中の第四章である「八の詩句の章」、そして同じく第一章「蛇の章」や第五章「彼岸に至る道の章」あたりです。次いで『スッタニパータ』の他の部分や、『ダンマパダ（法句《ほっく》経《きょう》）』などが古いものであるとされています。いずれも「クッダカ・ニカーヤ（小部）」におさめられている経典です。

大乗経典について

『法華経』や『般若心経』など、日本でよく知られている経典の大半は大乗仏教の経典です。大乗経典は、大乗仏教の展開に伴って制作された仏典です。伝統的・保守的な仏教に対して、自由な思想が展開されており、釈迦以外の無数の諸仏や諸菩薩が登場するところに特徴があります。また、大乗の仏典は、経典を読誦したり書写したりすることの功徳が強調されています。少し紹介しましょう。

①初期大乗仏教（紀元前後～三世紀）

初期大乗経典には、『八千頌《はっせんじゅ》般若経』をはじめ、『大品般若経』『法華経』『般舟三昧《はんじゅざんまい》経《きょう》』『無量寿経《むりょうじゅきょう》』『華厳経』『維摩経』などの経典が編纂されました。初期大乗仏教における巨人は龍樹です。「空」の論理を構築した人です。龍樹による『大智度論』は『出定後語』でも繰り返し取り上げられており、仲基は立論する際にかなり活用しています。また、仲基は『大毘婆沙論』（部派仏教の論書）も精読しているのですが、これも紀元二世紀頃に成立したとの伝承があります。

②中期大乗仏教（四世紀〜七世紀）

中期大乗経典には、『涅槃経』（初期仏典にも同じ名称の経典があります。しかし、これは大乗経典の方です）『勝鬘経』『如来蔵経』『解深密経《げじんみっきょう》』『大乗阿毘達磨経』『金光明経』などがあります。中期大乗仏教では唯識思想が発達します。無着の『摂《しょう》大乗論』や、世親の『唯識二十論』『唯識三十頌《じゅ》』あたりが知られています。世親は部派仏教の大論書『俱舍論』を書いたとも言われています。

③後期大乗仏教（七世紀〜十三世紀初頭）

密教が発達します。後期大乗経典には、『金剛頂経《こんごうちょうきょう》』『大日経』『理趣経《りしゅきょう》』『密厳経《みつごんきょう》』などがあります。

大蔵経について

中国では唐の時代あたりから経典の印刷が始まりました。膨大な量の仏典を筆写するのは容易ではなかったからでしょう。十世紀、宋の時代、ついに刊本の大蔵経が完成します。これを「北宋官版」や「蜀版《しょくばん》」と呼びます。十一年間かけて、版木十三万枚を完成させました。

この「北宋官版」を基にして、十一世紀には朝鮮で「高麗版」（初版）が開版されます。

大蔵経は、私家版も含めていくつか開版されており、明代では四度も刊行されています。四回目の「万暦版」にもとづいて、日本の僧・鉄眼《てつげん》の「黄檗版大蔵経」が刊行されることとなります。

黄檗宗の鉄眼（一六三〇～一六八二）は、日本仏教界のために大蔵経刊行を目指します。諸国を巡って寄付を募るのですが、途中で大きな飢饉が発生して、その募財を窮民救済に投げ出します。一から寄付を集め、人々のために募金を投じ、それを三回繰り返し、一六七八年、「黄檗版大蔵経（一切経）」の刊行に成功するのです。

富永仲基は、この「黄檗版」を使って仏典研究をしたと考えられています。

このことを松岡正剛は「内藤湖南による考証研究によれば、仲基がこれほどまでに仏教思想史を渉猟しえたのは、どこかの寺の蔵かなにかで鉄眼禅師の黄檗版一切経を耽読したかららしい。もしもそうだとするならば、これは仲基には鉄眼の気魄ものりうつっていたと考えねばならず、この鉄眼のエートスとパトスをとおして達磨への思慕も昂ったにちがいない」(前掲『遊学Ⅰ』)と書いています。

ちなみに、「高麗版」は蒙古侵略によって焼失したので、朝鮮では十三世紀に再度、『高麗大蔵経』を完成させました。これを底本に、日本で『大正新脩大蔵経《たいしょうしんしゅうだいぞうきょう》』が完成します。これはインド語の注記もあり、学問的配慮がはらわれているため、現在、世界で利用されています。

第十四章「戒」

前置きが少し長くなりました。それでは「下巻」を読んでいきましょう。

【読み下し】

それ、善のまさになすべく、悪のまさになすべからざる、善をすれば則ち順、悪をすれば則ち逆、これ天地自然の理、もとより儒仏の教へに待たず。

【大意】

善は実践されるべきものであり、悪は為してはならないものである。善の実践は道理にかない、悪を行うのは道理に逆らうこととなる。これは天地自然のことわりであり、儒教・仏教の教えをまつまでもない。

下巻の冒頭、仲基は自らの倫理観を述べています。みんなが天地自然のことわりに沿って暮らすのであれば、悪もなくなり、宗教の戒律なども必要なくなる、といった素朴な道理です。

仏教では身業《しんごう》（身体的行為）・口業《くごう》（言語表現）・意業《いごう》（心意の作用）の三業《さんごう》に対して、戒《かい》が説かれています。十善戒では、不殺生・不偸盗《ふちゅうとう》・不邪淫《ふじゃいん》が身業についての戒、不妄語・不両舌《ふりょうぜつ》・不悪口《ふあっく》・不綺語《ふきご》が口業についての戒、不慳貪《ふけんどん》・不瞋恚《ふしんに》・不邪見は意業についての戒となります。これに対して、仲基は「もともとの戒は、身業と口業の問題であった。しかし、大乗は三業を問題にして、すべて心へと帰属していく。これは加上である」と主張します。

「『大智度論』で説かれる菩薩の道から言えば、菩薩に戒は不必要なはずであり、戒や修行の段階にしばられるようでは、とらわれのない心とならないじゃないか」などと指摘し、大乗にさまざまな戒律が説かれるのは小乗の加上だと主張します。このような部分は、単なるテキスト・クリティークではなく、仲基がイメージする宗教のあり方をうかがうことができます。

しばしば富永仲基は、徹底した俯瞰者であり、文献分析者だと評価されます。確かに『出定後語』はその性格が強いと言えます。他方、後述する『翁の文』には、もっと思想家・富永仲基の面が出ています。ただ『出定後語』を精読すると、ときどき仲基の思想性・宗教性を垣間見ることができます。ここでの「戒」に関する記述には、それを感じます。

さらに、「仏教の戒律は儒教の礼のようなもの。礼なくして儒教はない。戒律なくして仏教はない」と続けています。仲基は釈迦の教えの本質に戒律があると見たのです。『遺教経』に「戒律こそがこれから君たちの師だ」と説かれていることを取り上げ、般若経系・頓教系の者の中に戒律を軽視するものがいるが、それは釈迦の真意ではない、と断じています。

戒律の話に続いて「中国の僧・慧遠が臨終の際、ある高僧が酒を飲んで病を癒すように勧めたところ、『律に飲酒を許す条文はない』と断り、米汁を飲むように勧められると、『すでに正午を過ぎている（律では午後からの飲食を禁じているため）』と断った」というエピソードを取り上げます。しかし仲基は、このエピソードに対して「よく律を守った人物であるが、なんと狭量なことだろう。固陋《ころう》だ」などと述べているのです。ここは実に興味深いですね。

つまり仲基は、戒律は釈迦が説いた本来の仏教の中心課題であることを文献から読み解くとともに、「厳密に律を守るべし」と考えていたわけではないのです。宗教の教えだからといって、些細なことを教条的に遵守するのは不合理であるとしています。この人はやはり、かなりの合理主義者だったのでしょう。現代人にとっても共感するところ大きいのではないでしょうか。

ただ、仲基は決して感情的に慧遠を揶揄したのではありません。基本的にこの人の語りにはいつも論拠があります。『五分律』には釈迦の教えとして、「私が説いたもので、他の土地で清浄とされないときは守らなくてもいい。説かないもので、他の土地で清浄とされるものは行わなくてはならない」とあって、「これが仏の真意だ。時と場所によって規律が決まる面があるのだ。慧遠にしても、これを知らなかったとは限らない」と述べています。

本章の終盤には、「五戒のうち、偸盗・邪淫・妄語は悪。殺生と飲酒は程度による。これを完全に禁止するのは不可」とあり、『増一阿含経』には八斎戒があり、『大智度論』には九つあることを指摘しています。

第十五章「室娶」(家庭と妻)

ここでは、インドの「四住期(学生期《がくしょう》・家住期・林住期・遊行期《ゆぎょう》)」を紹介した上で、出家前の釈迦が家庭生活を営んでいたことに言及しています。釈迦には三人の妻(瞿《く》夷《い》、耶《や》輸《しゅ》、鹿野《ろくや》)がおり、羅睺羅《らごら》という息子もいたとして、こういう事実に対して『大善権《だいぜんごん》経《きょう》』で「妻子はいたが、情交はなかった」などと変な理屈をつけていることを批判しています。こういう後づけの解釈や権威づけも、仲基は加上であるととらえるのです。とにかくこの人は先人の偉業を笠に着るような権威づけは嫌いなのです。きっちり論破しようとします。

そして、「仏教では女性を嫌うが、インドの習俗では女性を尊重する(竺の俗、甚だ女子を貴ぶ)」としています。「そのことは司馬遷の『史記』に記述されており、『正法《しょうぼう》念処経《ねんじょきょう》』には四種の恩(母の恩・父の恩・如来の恩・説法法師の恩)の第一に母の恩が挙げられ、『観無量寿経』には父以上に母を尊ぶことが述べられている。このようなことから私はインドでは女性を尊ぶ習俗だと考える」とします。いかにも文献の人、論理の人といった印象を受ける部分です。

「仏教では「女性は清浄な修行のさまたげとなるからと避ける」が、同様の思想は儒教にもあって、『荀子《じゅんし》』には「女性の美しさを見ないようにせよ」といった教えがある」と紹介します。しかし、仲基は、「男女の別があるのは天地自然の道理なので、女性だけを嫌うのは不自然である」と言います。「妻帯を避けるのは修行中の比丘《びく》の問題であり、それは淫欲を戒《いまし》めるためである」として、このあたりにも「きちんと経典を理解せよ。変につじつまを合わせる曲解はだめ」といった仲基の基本態度が現れていると言えるでしょう。

「中国や日本では僧侶の妻を〝梵嫂《ぼんそう》〟などと呼ぶが、仏教を滅ぼす行為以外のなにものでもない。釈迦の本意は、修行者は教団内において妻を持たないというものであるからだ。『楞厳経《りょうごんきょう》』『観世音菩薩陀羅尼経《かんぜおんぼさつだらにきょう》』で淫欲と五辛《ごしん》を食べた罪を解く呪文がある。梵嫂を持つものは、みんなこれを唱えたのだな」などと、最後に皮肉な文章を書いています。

この人はときどきこういうアイロニーを発揮するのです。

第十六章「肉食」

「下巻」の冒頭から戒律の問題が続きます。この章では、肉食について儒教と比較して論じています。

「中国の古代の王・禹《う》も美食を避けた。仏教でも儒教でも肉食を遠ざける思想がある。仏教では、『十誦律』に三種の浄肉（「自分のために殺されるのを見ていない」「それを他者から聞いていない」「こうした疑いがない」という三つに適合した肉）が説かれており、『涅槃経』には九種の浄肉が見られる」と、仏教の基本規制を記述します。そして仲基は、もともとの仏教では肉食に対してさほど厳格ではなかっただろうと推論しています。たとえば、『楞伽経』や『涅槃経』には、「今日から、仏弟子は食肉を許さず」といった内容があります。それを取り上げて、つまり「それまで食べていたのだろう」と言うのです。そして、例によって規範の加上が行われて、後世ますます厳しくなったのだろうとしています。

次に、肉食の問題を「輪廻」から考察します。『楞伽経』や『首楞厳経』にある「食肉となる動物は自分の父母であったかもしれない、やがて自分が動物に生まれるかもしれない」といった理屈を取り上げて、これを批判します。「なんと混乱した説であろうか。それでは植物は生物じゃないのか、仏教には草木も生命だと言うではないか、どうしてこう筋が通らないことになるのか」と憤っています。仲基という人は、とにかく論旨がすっきりしないのがよほど嫌なのでしょう。ただ、ここでは、仏教において有情[※1]と非情を区別する立場があることについては言及されていません。仏教では植物は非情になります。もちろん仲基は有情・非情の別や、その解釈の変遷も承知していました（第二十五章参照）。

そして、ここから仲基らしい論の展開となります。つまり釈迦が肉食を禁止した意図は、ここにはないと推論するのです。また『報応経《ほうおうきょう》』には「病気の時は肉食が許される」とあるので、「肉食禁止は単純な不殺生の問題ではない」としています。

【読み下し】

しかるに、仏の肉を戒むる者は、意もと殺生にあるなり。殺生を戒むる者は、仁慈を傷《やぶ》ればなり。

【大意】

しかし仏が肉食をいましめたのは、殺生の問題から始まっている。さらに、その殺生をいさめるのはなぜか。慈しみの心がそこなわれるからである。

ここに釈迦の本意があると仲基は考えたのです。『楞伽経』はそのあたりがわかっていない、などとついでに経典も批判しています。この人はどんな聖典でも常に同じように扱いますので、ある聖典だけを絶対視しません。また、特定の聖典の立場に立脚することもしません。

そして、「仏教の戒律は、いずれも執着から離れ、慈悲を実践するために設定されている」と語るのですが、そのようにとらえた仲基は確かな眼力の持ち主だと言えます。

第十七章「有宗」

仏教教理や戒律などをテーマにした論考が続いてきましたが、この章あたりから学派別・系統別・宗派別の各論へと移行していくこととなります。第十七章で取り上げる「有宗《うしゅう》」は、部派仏教のことを指します。部派仏教の中には説一切有部を代表とする「有《う》」を主張する派がありました。何らかの実在を認める派です。大乗仏教ではこの派を小乗仏教と批判したわけです。ですから大乗仏教はすべての実在性を否定する「空《くう》」

の立場に立ちます。

仲基はこれを「有宗」と「空宗《くうしゅう》」と呼んでいます。『出定後語』の第九章には、「また、廻心《えしん》の説あるも、幷呑《へいどん》の説のみ。何ぞや。有宗は、おのづから有宗。空宗は、おのづから空宗。各自その道を証す。何ぞ廻心を仮らんや（またそれまでの心をひるがえして大乗に向かう［廻心］ことを説いた説があるが、これは他を吸収しようとした説にすぎない。有部は本来、有部であり、空宗は本来、空宗であって、それぞれその道を証するのである。どうして心をひるがえす必要があろう）」とあります。個人的に好きな一文です。

さて、まず本章の冒頭、大乗仏教が成立したのは仏滅後五百年くらいであると主張します。

ちなみに、この意見に対しては慧海潮音が『摑裂邪網編』で「仏滅後百年の根本分裂で大衆部が生まれ、この時に大乗仏教はあった」と反論しています。しかし、今日では、仲基の推論が確かであったことがわかっています。

次いで、「律五部」が語られます。これは中期大乗仏典である『大集経』をもとにしたもので、いわば孫引きとなります。このような箇所はいくつもあります。さらに引用文が経典の原文と一致しないものがあって、『法苑珠林《ほうおんじゅりん》』（唐代の仏教百科事典的書物）

や『大乗義章《だいじょうぎしょう》』（隋代の仏教用語を解説した論書）や「天台三大部」（『法華玄義《ほっけげんぎ》』『法華文句《もんぐ》』『摩訶止観《まかしかん》』のこと。智顗による『法華経』の注釈書）や『華厳五教章』（唐代の『華厳経』の論書）などの中国仏教典籍を使っていたことがわかります。

ここから、決して仲基が大蔵経（一切経）を通読したわけではなかったことがわかります。経典に直接あたらず、論書を通して読んでいるのです。この点は、中村元も指摘しています（前掲『近世日本の批判的精神』）。

すでに述べたように、パーリ語やサンスクリット語の原典を読んだわけではないので、翻訳語を通しての理解に限界があります。とはいえ、仲基の方法論や研究姿勢、着眼点が卓越していることに変わりはありません。

少し仲基の誤りを挙げると、本章にある「摩訶僧祇律は大衆部の律とされているが、もともとは犢子部《とくしぶ》のものである」や、「迦葉遺部《かしょういぶ》は数論《すろん》学派のことである」といった記述は誤りです。摩訶僧祇律はもともと大衆部のものです。数論学派はヒンドゥー教六派哲学のひとつであるサーンキヤ学派のことで、仏教の部派ではありません。このことはすでに潮音が指摘しています。

仲基は部派仏教の数については諸説あることを挙げて、「無理につじつまを合わせる必要はない」と、例によって持論を述べています。北伝では二十部派、南伝では十八部派（後にはさらに分派）の分派を伝えていますから、このことを取り上げているわけです。

この章でも明確に打ち出されていますが、とにかく宗教聖典として読むのではなく、テキストとして読むべきだとする立場なのです。だから、仲基はどんな聖典も特別扱いすることなく、他の文献と照らし合わせて点検します。矛盾や誤謬を見つければ、そこから文献の成立経緯を類推するのです。これは宗教の原理主義者とは正反対の態度です。原理主義者（ファンダメンタリスト）は、聖典は無謬であるとする立場に立脚します。それこそが原理主義の本質です。

第十八章「空有」

この章は実によい論考となっています。個人的には『出定後語』のうち、第四章「須弥諸天世界」や第八章「神通」、それに第十六章「肉食」あたりが好みなのですが、この第十八章も仲基の思考のエッジがきいている感があって、読んでいてわくわくします。

まず、「空・有の議論は釈迦のときになかった。なぜなら実践的じゃないから」と述べ、その上で「部派仏教は有、大乗仏教は空」とそれぞれの特性で分類を行います。また、中国に伝わらなかった派（有であり空である派、有でもなく空でもない派）について言及しています。どうやらこのことを『大智度論』から読み取ったようです。そして、これが伝わらなかったのは残念だとしています。

そしてここからが独特なのですが、「存在・現象の本質は有だ空だ」というのは、儒教の「我々の性は善だ悪だ」と主張するのと同じだと論じています。「なぜ有だ空だと規定せねばならないのか、なぜ性を善・悪に決めねばならないのか。そんな必要はない。論争することは無用だ」と言うのです。

仲基にしてみれば、このような議論は実利がない、というわけです。現実を生きるのに、そんなものは不必要だと断じます。このあたり、富永仲基における思想の特徴でもあり、物足りないところでもあります。仲基の議論全般に言えるのですが、宗教における善悪の問題や、罪と信仰の問題への深い思索をあまり見ることができません。合理的知性が強いためか、平板に解釈しがちなのです。

しかし、このあとに出てくる〝孔子の本意と釈迦の本意〟を並べて論じるところはおもしろい。

「孔子は生来の性質で善悪を考えるのではなく、習慣やしつけや学習によって善悪が生じるととらえた。一方、釈迦は『諸悪莫作《しょあくまくさ》・衆善奉行《しゅぜんぶぎょう》・自浄其意《じじょうごい》・是諸仏教《ぜしょぶっきょう》』（七仏通《しちぶつつう》戒偈《かいげ》）とあるように、みずからの精進と実践で善悪をとらえた。つまり両者の主張は同じだ」と言います。そして、もともとの釈迦の教えとは、とても実践的なものであって、空だの有だのというのは後世の議論だとしています。仲基は、釈迦の教えの原型はそのようなプラグマティックなものであったと推論したのです。

この章では龍樹の「八不《はっぷ》の偈」を取り上げて、「誠に法性《ほっしょう》の宗とする所、道法加上の極なり（これは実にものの真実のすがたを明らかにすることを主としたものであって、究極のさとりを説く教えとしては、加上の最後的なものである）」と言います。『中論』に述べられている「八不の偈」こそ、真実の姿を明らかにしたものであり、究極の悟りを説く思想としては、加上の極みであるとしているのです。実は、私、これにはちょっとしびれました。確かに、龍樹は縁起説を極限まで展開して、空の思想を確立するに至ったのです。その意味では、空の思想は加上の極致です。

「有相《うそう》・無相《むそう》、空仮中《くうげちゅう》、などはいずれもつかまえどころがない。互いに相手をくじくために使っているにすぎない。単に存在があって、それを空・不空と言うが、どう語ってもいいのだ。現実の存在はそんな思惑に関わりなく、自然としてある」、そんな理論を展開します。

そして、この章で「仏出定の後」の言葉を使っています。「釈迦はどこにも偏ることのない中道を説いて、そのまま禅定へと入った。そして釈迦が禅定から出てきた後（仏出定の後）、弟子たちと対話をした話を書いているのだ」と述べており、本書『出定後語』のタイトルの由来はここにあることがわかります。

その対話とは、「弟子たちが釈迦に『誰が仏の本意を得ていますか？』と尋ねたところ、釈迦は『誰も私の本意にかなっていない』と答えた」というものです。仲基はこのエピソードが『成実論《じょうじつろん》』に記載されていると言います。

この時、釈迦は「誰も私の本意にかなっていない」の言葉の後、「みな仏意にあらずして、みな理あり。仏意を妨げず（私の本意ではないが、正しい理に順《したが》っているものは、正しい仏法であるとしてよい）」と語ったとしています。味わい深い言葉ですね。ところが、このような話は『成実論』にありません。『順正理論《じゅんしょうりろん》』には似た話があるそうです。仲基の創作なのでしょうか。ただ、このような話は、古来、大乗仏教が「非仏説だ」との批判に対して応答した理論にそっくりです。

たとえば『大乗荘厳経論』（四世紀～五世紀）において、説一切有部から提起された大乗仏教批判（「大乗経典は釈迦以外の者が説いた」「六波羅蜜や空などは原始経典には無い」など）に対して、大乗経典は「悟りを開いた者でなければ説き得ない内容である」「きちんと悟りへと導く内容となっている」ことから仏説であると主張しています。つまりたとえ釈迦が説かなくても、仏の教えとしてふさわしければ仏説であるという理論です。

実は、大乗仏教が非仏説であるという批判は、はるか古代からあります。そしてそれに応答する言説も長い歴史があるのです。本章で仲基が取り上げている「みな仏意にあらずして、みな理あり。仏意を妨げず」という言葉は、このような系譜上にある理のひとつでしょう。

第十九章「南三・北七」（法蔵の十家）

ここでは中国仏教の各派を紹介しています。

中国では、仏教を二つに分けて考えたり、三つに分けて考えたり、四つや五つや六つに分類して、その上で自分の宗派の立ち位置を明確にしました。

すなわち、慧誕・慧遠は漸頓《ぜんとん》二教であり、光統は三種教。曇隠は四宗教で、自軌は五種教、安廩《あんりん》は六宗教。慧思と智顗は四教。法敏は二教。法雲は四乗教。玄奘は三種教。法蔵は五教。仲基は、このことを取り上げた後、これらはみんな『法華経』に振り回されている、と切って捨てます。

「天台大師・智顗は『法華経』を最高だと信じ、法蔵は『華厳経』が最高と信じ、それぞれ巧みに諸説を分けた。私に言わせれば、すべて混乱である」と書いています。この章では、天台宗の智顗と華厳宗の法蔵に焦点をあてて、それぞれ『法華経』や『華厳経』を最高の経典とするために、さまざまなつじつま合わせが行われてきたことに言及しています。以下に箇条書きしたのは仲基による仏典のクリティークであり、仏典同士の照合です。

1. 『大品般若経』の十地は、三乗の話であって、通教のことではない。
2. 『天台四教儀』にある「三獣渡河の喩え」は、『涅槃経』の「徳王品《とくおうぼん》」と「獅子吼《しく》品《ぼん》」を合わせたもので、もともと三乗の意味はない。
3. 『中論』にある三種は、四諦・十二因縁・六度の三つを言っているのであって、三乗の説ではない。

4. 『大品般若経』の第十地、『楞伽経』の十地と、『華厳経』『仁王般若経』の十地では、意味が違う。

このような差異を踏まえた上で、「これらのつじつまを無理に合わせなくていい。つじつまを合わせようとするから、おかしな論理を構築する必要ができてしまう。釈迦の本意からはずれた些末なことで論争するのは混乱するだけだ。自分が考えるに、諸仏説を釈迦ひとりが生涯で説いたという前提で教判を立てる必要はない。釈迦の説にそんな順番などないだろう。特に『仏ははじめから三乗を説いた』というのは成り立たない」といった内容を語っています。

第二十章「禅家祖承」

ここは禅宗論の章です。

禅の[※2]師資相承《ししそうしょう》が述べられています。摩訶迦葉《まかかしょう》から始まり、師子鎧までの二十四代が『付法蔵因縁伝《ふほうぞういんねんでん》』に載っていると紹介（ただしこれは『仏祖統紀《ぶっそとうき》』の記述の誤りです）、その他にも『摩訶摩耶経《まかまやきょう》』や『舎利弗問経《しゃりほつもんきょう》』、それに『達磨多羅禅経《だるまたらぜんきょう》』と『出三蔵記集《しゅつさんぞうきしゅう》』も取り上げて、師資相承についての記述の相違を点検しています（『舎利弗問経』のものは、律の系譜と誤解しています）。さらに唐代の僧・智炬《ちこ》の『宝林伝』には二十八祖が記載されていることについて、その真偽の疑わしさに言及しています。

この人のおもしろいのはここからです。

「自分の心の問題なのに、なぜ師資相承によって権威づけするのか。菩提達磨はそんな人ではなかったはず。六祖慧能《えのう》もしかり。儒教も、仏教に倣って、師資相承で権威づけしている。おかしなことだ」との持論を展開します。

仲基は、父である芳春の友人・林中甫《ちゅうほ》に「達磨はインドの仏教はだめだと考え、中国へやってきた」と聞いたようです。達磨と梁の武帝の逸話などを取り上げています（ただ、ここに紹介されている毒殺説は謬伝だと潮音が指摘しています）。

仲基は達磨に対して何らかの共感があるのでしょうか。達磨は、古今を通じて、特筆すべき気の毒な人だと書いています（「ああ、達磨、その道法のために、遠く遼絶の地に入り、もつてこれを播《ひろ》めんと欲するに、その言至つて高く、また、人の信受する者なくして、つひに極悪闡提《せんだい》小人の手に死す。われ、達磨をもつて天下古今一人可憐の者となせるなり」）。

例によって皮肉で書いているのかもしれませんね。あるいは、意外と「達磨の孤独」「達磨の純粋な心」「悲しむべき後世の誤解」とでもいうようなものに思いをはせていたのでしょうか。「われ、達磨をもつて天下古今一人可憐の者となせるなり」という文を、二度繰り返して書いています。

道を求め、真実を伝えるため、はるか異国へと歩みを進めたにもかかわらず、その真意は伝わっていない（と仲基は解釈しています）、その悲しみに共感しているような筆致なのです。ここには、天才の苦悩が投影されているのでしょうか。

第二十一章「曼陀羅氏」

禅の次は、密教論となります。

まず、「字輪観《じりんかん》（梵字などを観じていく修行法）」は密教の専門分野になっているが、もともとは『大品般若経』から出ているのだと指摘しています。※3阿字《あじ》、唵字《おんじ》、胎蔵界《たいぞうかい》と金剛界など、これら密教の重要な問題も解釈は学派で異なる、と言います。

龍樹がある塔で『金剛頂経』を手に入れた話や、『華厳経』の毘盧遮那を大日に結びつける密教の立場について言及しています。

また、「秘密という用語は仏の教えを讃える言葉であって、部派仏教では律蔵が秘密蔵であり、『法華経』では如来の秘密について述べられている。『涅槃経』には秘密蔵や如来の密語について説かれている。しかし、秘密に立脚するのは密教だけである。そこに特徴がある」と言います。

密教は観相と禁呪の学派であり、インドの風を残しているのは密教だけだと評しています（「また案ずるに、曼陀羅氏の業はまつたく観相禁呪にあり。竺土の風を存する者は、ただ曼陀羅氏のみ」）。

確かに密教はインドの宗教風土の影響を多大に受けた仏教ですね。この密教の伝承は、中国では途絶えたものの、日本に残っていることを考えると、日本は大日の本国と言ってよいのかもしれない、などとも評しています。仲基流のアイロニーですね。

陀羅尼（真言）がなければ悟りを成就できない、真言には自力と他力が備わっている、これらは密教の学派の主張であると述べています。

加上が重ねられた仏典

下巻の第二十一章までの論を少しまとめてみましょう。

上巻の第一章にも叙述されていますが、仲基は「阿含部」「般若部」「法華部」「華厳部」「大集涅槃部」「楞伽部」「秘密部」の順序で仏教教理が発達したものと推論しています。

1. 阿含部、すなわち小乗経典・有部経典。最も古いものである。一切の現象は存在すると説かれている。
2. 般若部では、一切の現象は実在するのではない。実在すると見るのは人間の妄執である。一切は空である。これは、阿含を貶異《へんい》（異なる意見で貶める）して大乗が開かれたということ。だから般若は阿含より後だ。
3. 『法華経』になると、一切の現象は存在するものでもなく、また空でもない。実相であると主張する。『法華経』を軸とする天台では、釈迦は最初に阿含を説き、さらに般若を説き、ついに法華を説いたと考える。つまり、これは阿含と般若を貶異して『法華経』が成り立ったということである。
4. 『華厳経』は、天台によれば、釈迦が成道した直後に説かれたことになっている。しかし、『華厳経』こそが頓教であり、釈迦の悟りそのものであると主張している。だから、前の三部に加上されたものである。

5. 大集涅槃部は、小乗・大乗を折衷したものである。『大集経』の中に律のことが述べられており、律の五部はいずれも大涅槃に至るための妨げではないと主張している。これは、五部の異派の律を折衷した証拠である。また、(大乗の)『涅槃経』には小乗・大乗はかけ離れたものではないと説き、従前の教説を牛乳が加工・精製されていく過程に喩えて、生蘇《しょうそ》・熟蘇《じゅくそ》などと次第を語り、涅槃を最上の味がするという醍醐《だいご》と喩えている。これは前四部の後の説と考えられる。

6. 楞伽部は禅宗が依拠する経典である。二十余の経典を含むが、『楞伽経』が代表的経典。真理は言語によって語り得るものではなく、悟得すべきものだと説かれている。これはそれまでの諸説を貶異して説かれたものである。

7. 秘密部は、密教が依拠する経典であり、釈尊は大小二乗等さまざまな方便を説いたが、畢竟《ひっきょう》阿字を出ないとする。そして諸部を曼陀羅に配置する。ゆえに最後に発達した部派である。

このように仏典は加上に加上が重ねられてきたと立論したことは、これまで見てきた通りです。仲基がこうして順を追って仏典の成立年代を検証するまでは「すべて釈迦の説であり、聞く人の相違があるので諸説に分かれている」と捉えてきたのですが、仲基の『出定後語』はこれを根底から覆す理論でした。それを世界に先駆けること十八世紀にやってのけたのです。

さらに仲基は、ここに言語論や文化論を組み合わせて考察を進めていきます。それが「三物五類」や「俗《くせ》」の問題となります。

第二十二章「外道」

この章では、仏典で取り上げている仏教以外の学派（外道《げどう》）について述べています。

「『大智度論』によれば外道は九十六種あり（九十五種とする論もある）、『楞伽経』には百八あるとするが詳述されていない。『維摩経』には六師《ろくし》外道、『涅槃経』には六種の苦行者、『大智度論』の十六種の「我」論がある。『瑜伽論』の十六異論、『大日経』の三十種外道、『提婆菩提釈楞伽経中外道小乗涅槃論』には二十種の小乗外道」

このように列挙しています。ここでも、仲基が広範囲の仏典をおさえていることがよくわかります。ただ、外道というのは仏教以外の教え・思想を指すのですが、ここでは仏教内の説も合わせてしまっています。

この章は比較的精密に各派の異同を照らし合わせ、それぞれの主張を検討しているといった印象があります。こういうニッチなところに力が入るあたり、やはりこの人は研究者気質なのだと思うのです。

仲基の文献解読能力は大変高いものがあります。そして文献への思い入れも強いのです。たとえば、前にも紹介したようにサーンキヤ学派（数論学派）がきちんと日本に伝わっていないのは惜しい、などと書いています。とにかく、関連する思想や文献が途絶えてしまうこと自体、残念に感じる人なのです。

仲基が精読していた『大智度論』は、外道のことをいろいろ取り上げて批判しています。これを仲基は、いずれも外道に打ち勝つための説である、と書いています。

また、「道教では、『老子西昇経《ろうしせいしょうきょう》』『老子化胡経《かこきょう》』で老子が仏を侍者としたとあるが、これは道教を仏教の上に置くための偽造である」としています。「ただ、老子が西へ行って道教を広めたというのはあり得る。『史記』には、老子は西へ行ったが、終焉の地は不明とあり、『後漢書』には、老子は蛮族の中で仏教を説いたとある」と述べています。そして、この章を「事、説蔽に詳らかなり」と結びます。今は確認することができない『説蔽』ですが、その中に仏教と道教についての論述がなされていたのです。

第二十三章「仏出の朝代」（釈迦がいた時代）

釈迦がこの世に現れた年代について諸説あることを述べる章です。これについては八説あると言います。そして仲基は、八説のいずれも根拠がなく信用できない、との判断を下しています。

そして、「跋陀羅《ばつだら》が中国に持参した『点記』を基にして書かれた趙伯休《ちょうはくきゅう》の『衆聖点記《しゅしょうてんき》』が、正しいと考える」と書いています。「他の人は知らないが、私はこれが正しいとするのだ」としており、仲基とはそういう気質の人だったのかなと思わせる部分です。つまり、人口に膾炙《かいしゃ》する通説を鵜呑みにせず、権威づけされた定説に惑わされず、自分自身で検証した上で見えてきたものを信じ、それをきちんと主張するような気質の人だったのでしょう。

「点記」というのは、釈尊入滅してから毎年、雨安居《うあんご》（雨季に修行すること）が過ぎるごとに一つずつ点を書いたものです。これによって入滅の年代を知ることができます。これは近代の仏教学者である高楠《たかくす》順次郎（一八六六～一九四五）が主張したことと同じ内容です。

第二十四章「三教」

この第二十四章は重要です。儒教・仏教・道教の三教を比較検討しているのです。仲基ならではの立論だと言えます。『出定後語』の中でも特にハイライトすべき章であり、仲基自身の筆にも力が入っています。

まず、仲基は三教それぞれの特性をこう規定します。

【大意】

儒教は人倫のための教えであり、文飾に耽る傾向が強い。道教は養生・摂生の教えであり、天を宗《むね》としつつ、海の彼方の神仙を語り、幻説があって、もっとも劣っている。道教が語る蛮族教化や三十六天や大羅天帝《だいらてんてい》などは、仏教の加上である。そして仏教は、生死の迷いを離れるための教えであり、幻説に溺れている。

次に、いくつかの「三教論」を取り上げています。

【大意】

劉静斎《りゅうせいさい》の『三教平心論』は幻説に基づいて比較しているのでダメ。李士謙《りしけん》による「仏教は日、道教は月、儒教は五星」という言葉、これは至言らしいが、内容はない。王通の「仏は聖人の教えであり、西方の教えだ。それを中国が汚した」という説は、的を射ている。

中国が仏説をダメにした要因は、インドは幻説を貴ぶ風土であるためだ（中国とは気質や風土が異なる）。同様に、私、仲基は「儒教も聖人（孔子）の教えであり、西方の教えだ。それを日本が汚した」と言った。それは、文飾は中国の風土だから。日本とは異なる。そんなわけで、言葉にはそれに応じた事物があるのだ（「言に物あり」）。道はこのために分かれる。国には習俗があって、そのため道は異なる。だから、仏教から幻説を除き、儒教から文飾を除くと、真実の姿が現れる。

そのようにして自説が展開されるのです。

以下にこの章のポイントを挙げてみます。傍点は筆者が付けました。

・儒仏論争に関して、何承天《かしょうてん》の『達性論《たっしょう》』、慧琳《えりん》の『白黒論《びゃくこく》』、欧陽修《おうようしゅう》の『本論』、石守道《せきしゅどう》の『恠論《かいろん》』、胡寅《こいん》の『崇正弁《すうせいべん》』などを読んだが、幻説と文飾が争われているにすぎない。

・明教大師契嵩《めいきょうだいしかいすう》（宋の人）は、『輔教編《ほきょう》』で「仏教の説く道理は外見できない」「神道（心の道）によって感じる」と語っているが、これは因果応報の道理のことで、同じく幻説である。仏の真意ではない。このことに気がついていないのは惜しい。明教はインドの習俗を知らないのだ。また、明教は三教の説くところは善の道であって、同一であるとする。ひとつ欠けてもいけない。三つそろっているのが自然の道理だと主張している。なんと、おろかな。もし「善」ということで言うならば、三教だけが善を説くのではない。

仏教も儒教も善を目指すのは一致しているが、世の人を幻説と文飾でまどわせている。これをよく考えないといけない。宋の真宗が言う三教一致も、調停の説であって、とるにたらない。

・明教は、張載《ちょうさい》や程明道《ていめいどう》・程伊川《ていいせん》兄弟の「復性（善悪以前の本性に戻ること）」に注目し、

「復性」は禅僧・薬山惟儼《やくさんいげん》から出たと主張している。しかし、明教が言っているのは感情が生じない状態のことだ。そして、感情を悪として、それが生じない状態を正思《しょうし》としている。これはそもそも禅の立場である。張載や程兄弟は、感情を悪としていない。感情を善にしていくのが「復性」の意である。伊藤仁斎もこれと同じ間違いをおかしている。仏教者だけでなく、儒者でも文意を取り損なっているのである（「ただに仏氏のみならず、儒もまた文に昧《くら》し」）。

・明教は「韓子は仏教だけが栄えるのを批判したが、仏教の本源の教えは高く評価していた」と言う。屏山《へいざん》は、「南宋の有名な儒者たちは、死生を夢幻ととらえ、富貴を塵《じん》垢《こう》ととらえた。仏教・道教について書いていないが、陰では教えを使っていた」と言う。これは人をあざむく手段である。『法華経』に学んだやり方だろう。彼らがそんな人なら、こそ泥である。じゃあ、何をもって儒者とするのか。ただ、明教の「布施の応報を誇張する者への批判」「道をもって恩に報じ、徳をもって徳を嗣ぐ。妻がいなくても親孝行すればいい」の言は格調高い。儒教の人はこりかたまって仏教を批判するが、それは間違っている。

仲基は、「われ、儒の子にあらず。道の子にあらず。また仏の子にあらず。傍らその云為《うんい》を観て、かつひそかにこれを論ずること、しかり（私は、儒教を奉ずるものではないし、道教を奉ずるものでも、また仏教を奉ずるものでもない。これらの傍らに身を置き、これらの言行を観察しながら、ひそかにこのように論じているものである）」と、この章を結んでいます。

この章では、三教（特に仏教と儒教）をばっさり仕分けして、認めるところは認め、ついでに儒学者の伊藤仁斎も批判するというアクロバティックな論を展開しています。

言に物あり、国に俗あり

また、この二十四章には仲基の思想の中軸を見事に表す名文があります。

それは「それ、言に物あり。道、これがために分かる。国に俗あり。道、これがために異なり」というものです。

言葉には三物五類の諸条件があって、そのために説かれる思想・教えが分かれていき、国ごとに民俗・文化・風土の傾向があって、そのために説かれる思想・教えが異なっていく、ということです。仲基は単に加上の法則を見出しただけではなく、加上の方向性を規定する種々のパターンを把握していたのです。

「三物五類」や「国の俗」という発想については、家永三郎が「熊沢蕃山《くまざわばんざん》の経世観である時・処・位の説が先行形態」と指摘したり、中村元が「天台教学、日蓮、中江藤樹等に同様の思想がうかがえる」と指摘しています（前掲『近世日本の批判的精神』）。ただ、加上の法則・言語の変遷類型・文化類型をダイナミックに捉えた仲基の独自性は瞠目すべきものがあります。

第二十五章「雑」

さて、『出定後語』の終章となります。

これまでの二十四章にうまく入れられなかったものをここに集めているので、長い章となっています。箇条書きにしても、かなりの分量になってしまいます。しばらくおつき合いください。

まず『法華経』の内容に一貫性がなく、食い違いがあることに言及します。また、『法華経』のある部分は終始仏を讃嘆する言葉ばかりで内容がないと批評しています。仲基は、『法華経』全文がもともとのインド原典にはあって、伝わっているものはその一部ではないのか、といった推論を立てています。

【大意】

『法華経』を中心にすえた思想を展開した天台大師・智顗は、法華経批判に対して「『法華経』には観法も規律も論じられていない。すでに他の経典で説いているからだ。だから『法華経』はただ真実を悟る智慧だけを示している」と言う。確かに智顗は『法華経』をよく読んでいるとは思うが、経典の本質を見失っている。法華三部経のひとつである『無量義経』は、『華厳経』の加上なのである。このことを見据えなければ、『法華経』の真意を読み損なう。

と論じています。確かに『無量義経』は『華厳経』よりも後の成立です。このように仲基自身が膨大な仏典を解読しながら見つけた論点や批評が列記されていくのが本章です。

どうやら仲基は『法華経』中心主義や、天台宗的な総合論が嫌いであるようです。嫌いというよりは、間違っている、と考えていたのでしょう。

前述したように、天台宗における五時八教説は仏典解釈に大きな影響力をもっていました。それは『法華経』を頂点としたヒエラルキーの中に、すべての仏典を配置する体系となっています。総合仏教の一大拠点である天台宗は、日本仏教の母体とでも言うべき役割を果たしてきました。近世においては、黄檗宗の鉄眼に先立って、天台宗の天海の発願による一切経の刊行が果たされています。鋼のように鍛錬されてきた天台宗の体系に対して、仲基は異議や疑義を提示するのです。

中村元は、仲基にとって天台の教相判釈を打破することが必要だった（後述）としています。

ここでも以下に箇条書きすることで、大意をお伝えすることにします（傍点は筆者）。

・不浄観はインドの俗（習俗・風俗）である。しかし、日本ではこのことがしっくりこない。すべての現象・存在に浄・不浄はないからである。さらに『大毘婆沙論』や『順正理論』の不浄観は間違っている。

・『法華経』は内容がない。『般若経』は空を説き、『法華経』は不空を説く。『法華経』の比喩の解釈も、学者たちの言い分は一致していない。『法華経』が「一乗の教えであって、二もなく三もない」と説くのは、一を誇張するためである。二や三があるわけではない（この部分は、天台宗と法相宗とでは解釈が異なる。仲基はそれも知っての批判らしい）。

・経典が説かれた時をどう考えるのかについて。『涅槃経』の人は「『華厳経』の七処《しちしょ》・八会《はちえ》に霊鷲山《りょうじゅせん》が出てこないので、この経は不完全だ」などと言う。『楞厳経』は分類・編纂されたものである。他の経典も、照会してみればつじつまが合わないところが多い（仲基は「経典は長い間かかって編纂された。いろいろな派があってそのグループが編纂した」と考えている。そのことの裏付けを述べている）。

・幻説も文飾も、人をまどわす点では同じ。『維摩経』に「神通に遊戯《ゆげ》す」とあるのは、中国で芸に遊ぶのと同じである。

・四果（預流果・一来果・不還果・阿羅漢果）は小乗仏教の予言であり、授記（仏になるという確約）は大乗の予言である。大乗が加上したのだ。

・般涅槃《はつねはん》とは死のことであり、成道のことである。荘子の死もまた成道と言う。同じことなのだ。※4有余《うよ》涅槃、無余《むよ》涅槃・五種般《ごしゅはつ》などの名目が生まれたが、これは後付けであり、真意に沿うものではない。菩薩が「人を救うためにこの世に生をうける」などというのは涅槃の意と合わない。

・阿弥陀仏の浄土について。浄土は常に光り輝いているはずなのに、経文には昼夜の話が出てくる。これは経典作者の失敗である（これ、作者破漏《はろう》の処）。しかし、浄土の鳥は「仏の不思議な力によって仮に作り出されたものである」とするのは、作者による緻密な思考だ（これ、作者の密なる処）。

他にもユニークな視点が書き連ねられているのですが、紹介しきれません。

注目すべきものとして、例の仲基の「五類」が使われている点を挙げたいと思います。たとえば、「転」の実例として、『涅槃経』には一闡提《いっせんだい》※5の人も仏性があると説かれています。「転」とは、その語と矛盾する意味として使われるようになることです。

これを仲基は「もともと仏性がない者を一闡提と呼んだ。しかし、極悪の者でも廻心することがある。廻心とはまさにその人自身の問題である。だからどんな人にも仏性の種子がある。そんな具合に意味が転じた」としています。一闡提という用語が、本来の意味から転じていったと言うのです。

また、「張」の実例として、「もともと仏教では、情・感をもたない草木などを非情と呼び、情・感のある有情と区別していた。そして、後者にしか仏性（悟りを開く可能性、仏と成る種子）はないと説いてきたのである。ところがやがて拡大解釈されて、非情も有情もすべて仏性を有するとなった」と述べています。これは近年でもしばしば仏教学や思想史の論点となるところです。「張」とは、ひとつの語の適用範囲を拡大することです。

『出定後語』の結び

では、『出定後語』の最後の部分を掲載しましょう。

【読み下し】

諸法あひ万すといへども、その要は善をなすに帰す。苟《まこと》によくその法を守りて、おのおの善をなすに篤《あつ》くんば、則ち何ぞ彼此《ひし》を択《えら》ばん。仏もまた可なり。儒もまた可なり。苟に善をつくるをなせる者は、乃ち一家なり。何にかいはんや、同じく仏を宗として、その派を異にする者をや。いたづらに、その派の異あるを争うて、善をなせることなき者は、われ、これを知らず。文《ぶん》もまた可なり。幻《げん》もまた可なり。その志、誠に善をなすにあらば、則ち何ぞ不可ならん。いたづらに、幻と文とに淫して、善をなすにあらざる者も、またわれ、これを知らず。

【大意】

多くの教えは互いに対応するのだが、その要は善を行うことに帰する。その教えをよく守ってそれぞれに善を行うことに真剣であれば、あちらこちらと選択する必要はない。仏教もよく、儒教もよい。真摯に善をなそうとするのであれば、それはひとつの体系となるのである。まして、同じ仏教であるならば、単に学派の相違というだけなのである。いたずらに宗派の違いを争って、善を行わないもののことなど、私には関係ない。文飾もよし、幻説もよし。その志が善をなそうとするものであれば、どうしてダメなことがあろうか。いたずらに幻説と文飾にふけって、善をなそうとしない者のことも、私には関係ない。

このように結んでいます。

この「善をなす」は、仲基の思想の柱となっています。たとえば、第十八章で「性善でも性悪でも、どちらでもいいじゃないか」と述べていましたが、「性がどちらであっても、善をなせばよいのだ」と書いています。また、第四部で取り上げる『翁の文』でもこのことが出てきます。

『出定後語』の衝撃

以上、『出定後語』を概観しました。おおよその内容を伝えることはできたと思います。同書は「加上説」「三物五類説」をベースとして、仏典を（ある意味）箇条書き的に述べ、テーマ別に分けた構成となっています。

上巻は主として仏教の基本的構造のところを語ります。釈迦が悟りを開く前から始まり、釈迦滅後はどのように仏教思想が展開してきたのかを論じることで、加上の図式を読者に提示します。

「三蔵」や「九部経・十二部経」といった仏典のカテゴリーを語り、「四諦」[※6]「十二因縁」[※7]「六度」について言及します。これらの仏教の基盤を、さまざまな経典から抽出し照合比較して、思想の展開を把握します。そして、見失いがちな本質の部分を見抜くのです。

下巻では、戒律の問題から取り組み、妻帯や肉食などのテーマを論じています。仲基は、戒律を守らない仏僧を揶揄すると共に、本来の意味から離れ形骸化した戒律も批判しています。そして経典の解読を通して、戒律の本質に心身を調えることや慈悲の心があることを述べています。

戒律について語った後、部派仏教の各派と大乗仏教の各派を取り上げます。ここでも有と空の問題を出して、「釈迦の時代にはこんな説はなかった」とします。そして有・空の論を、儒教の性善・性悪の説と比較しています。

さらに第二十章では禅の経典類、第二十一章では密教の経典類について述べているのですが、第二十章には亡父の友人の話が出てきたり、達磨への憐憫の情を示したりと、魅力的な文章を書いているのです。

世界最初の書

それでは、この書『出定後語』が提示した主題は何だったのでしょうか。

仲基は、ある思想が成立する際は、それに先行して成立していた思想を足がかりにして、さらに先行思想を超克しようとする、その際に新たな要素が付加されることを明らかにしています。

それゆえに、ひとつの思想体系を論じるのであれば、その思想の歴史性を考慮せねばならないと主張しています。さらに歴史性のみならず、その風土や文化背景や言語の傾向まで視野に入れるべきだと言うのです。そして、その際、どれほど権威がある人物であっても、どれほど信仰されている文献であっても、ひとつのテキストとして対峙すること。それが思想研究者の態度だと示して見せたのです。

「序」でも述べましたが、『出定後語』は学術的に大乗非仏説を論じた世界最初の書です。仏教辞典にも、大乗非仏説論は「大乗経典は仏（釈尊）の説いたものではないという説。すでに古くインドや中国において見えているが、客観的・実証的に大乗非仏説を唱えたのは、日本近世の富永仲基に始まる」（『岩波仏教辞典　第二版』）と掲載されています。

後ほどまたお話ししますが、『出定後語』は当時の仏教界や思想界に衝撃を与えました。仏僧は強く反発し、国学者は仏教を排撃するための理論として活用したのですが、どれもこの書のすごさを理解できていません。いずれにしても、この一書が富永仲基の名を後世へと残すことになったのです。

——第三部注釈

【第十六章「肉食」】

※1　有情と非情の区別：有情はサンスクリット語のサットヴァ（生存するもの）の訳。旧訳《くやく》では衆生と訳された。心の働き・感情を持つものという意味。生きているものの総称にも用いられる。有情の対義語が非情で、心の働きを持たない草木・山川・土石などを指す。

【第二十章「禅家祖承」】

※2　師資相承：師資とは師と弟子のこと。相承は受け継がれること。仏法が師から弟子へと正しく伝えられていくことを指す。

【第二十一章「曼陀羅氏」】

※3　阿字、唵字、胎蔵界と金剛界：阿字は𑖀のこと。密教で重視され、瞑想でも使われる。唵字はインド系宗教における聖音ॐのこと。胎蔵界は母体のように一切を含み育てる意義を持ち、金剛界は仏の堅固な悟り・智慧を示す。胎蔵（界）は客体（理）であり、金剛（界）は主体（智）である。

【第二十五章「雑」】

※4　有余涅槃、無余涅槃、五種般：有余とは余があるという意味。まだ不完全な状態を指す。煩悩を断じ尽くしていても、肉体上の束縛が残っている状態を有余涅槃と呼ぶ。そして肉体が滅して心身ともに束縛から離れた完全な涅槃を無余涅槃と言う。五種般は五種不還とも言い、四果のうち不還果について五種あるとするもの。般は般涅槃の略。

※5　一闡提：サンスクリット語のイッチャンティカ（欲求する人）の音訳。現生の欲望を追求する人を指す。仏典の用例では、仏法との縁を欠き、成仏の可能性が無い者を言う。大乗仏教では一闡提も最終的には成仏できるとする。

【『出定後語』の衝撃】

※6　四諦：仏教が説く四つの真理。①苦諦（我々は迷いの存在であり、その実相は苦であるとする）、②集諦（苦の原因は煩悩である）、③滅諦（煩悩を滅することができれば、苦も滅する）、④道諦（滅諦へと至る道）のこと。

※7　十二因縁：無明・行・識・名色・六処・触・受・愛・取・有・生・老死の十二項目の因果関係。無明から始まって、各項目が発生して、老死の苦が生じる。逆に言えば、無明を滅することができれば、各項目も生じず、苦も解体される。

第四部　『翁の文』と『楽律考』

伝聞によれば、富永仲基は儒教批判をしたために懐徳堂を追い出されたとされています。もしこのことが事実であったとしても、『出定後語』に見られる仲基の研究態度から類推して、単なる儒教批判ではなかったに違いありません。しかし、常人には簡単に理解できない立論を展開すると、誤解を受けることもあったでしょうね。『出定後語』だけを読んだ当時の人は、仲基を廃仏論者と受けとめた人も少なくなかったのですから。

実は仲基は、自らの方法論に基づいて、仏教のみならず、儒教も神道も語っているのです。それが『翁の文』です。『出定後語』に比べると、ずいぶん小部となっています。

さらに、仲基は自身の音楽論も書き残しています。『楽律考』がそれです。これは刊行には至りませんでした。『楽律考』には、「凡《およ》そ人は声なき能《あた》わず、既に声あれば、律なき能わず（およそ人間というものは必ず音声を発する。音声を発すればそこには音楽的法則が生まれる）」とあり、音楽を通して社会や人間を語る仲基の一面をうかがい知ることができます。

『翁の文』は刊行以来、およそ百八十年ぶりに再発見されました。大正十三（一九二四）年のことです。『楽律考』は第二次世界大戦前に稿本が発見され、我々が読めるようになったのは戦後のことです。

それでは、『出定後語』に続いて、『翁の文』と『楽律考』の内容をご紹介します。

1.『翁の文』

まずは『翁の文』です。『出定後語』に比べると言及されることの少ない著作ですが、その内容はとても興味深いもので、仏教・儒教・神道の三教について論じています。仲基の人生最後の著作である本書を読んでいきましょう。

『翁の文』は、坐間《いかすり》神社の近所に住む賢人・渡辺の翁が語ることを、富永某が聞き取って本にまとめた、といった体裁になっています。坐間とは、居住地を守る神さまです。もともと上町台地（現在の大阪市中央区から住吉区まで南北約十二キロにわたる台地）の先端にあったので、おそらく上町台地の土地神が起源ではないかと思います。豊臣秀吉が大坂城築城の際に、現在の渡辺の地（大阪市中央区久太郎町）へと移転されました。

渡辺の翁という名称は、それからとったのでしょう。

本書は、『出定後語』に比べて、平易で簡潔な文章になっています。そして、基本的に次のような構成になっているのが特徴です。まず翁の主張が先に語られ、その思想に対して、仲基がコメントを述べます。時には翁の自注が付される場合もある、そんな体裁になっています。

仲基が亡くなる半年前に、大坂高麗橋壱町目冨士屋長兵衛によって刊行されたのですが、自序の年記に「元文三年十一月　伴のなかもと写す」とあり（仲基は大伴氏だというのです）、すでに仲基二十四歳の時点で成立していたことがわかります。

『翁の文』の読み下しは、『近世思想家文集　日本古典文学大系97』（岩波書店）によりました（石浜純太郎・水田紀久・大庭脩校注）。現代語訳は前掲の『日本の名著18』の楢林忠男訳を下敷きにしながら、著者の大意でできる限り読みやすくしてあります。基本的に「大意」を先に記し、【　】内に「読み下し」を示しました。

ある翁のかきたるもの（序文）

『翁の文』には、仲基と親しかった林師良と川井立牧と伴礼玄幹が、それぞれ序文を書いています。いずれも本書の内容を讃える辞となっています。

その後に仲基自身の序文があるのですが、その冒頭「この文書はある翁が書いたものであり、私（仲基）は友人から見せてもらったのだが、道徳がすたれた今の世なのに、こんなに賢明な翁がいるとは」と記述しています。

そして【三教の道の外に、又誠の道といふことを、主張して説出《ときいで》たり】とあります。翁は、神・儒・仏の三教以外に、誠の道というものを主張した、ということです。そして、「私は感嘆したので、翁の名を尋ねたのだが、（友人は）わからないと言うばかりで答えないので、仕方がない。昔から隠居して放言する人はいるので、その類であろう」と言い、【吾家の教ともなし、又人にも伝へむとて、始終みなかきうつしぬ】（わが家の教えとして、また人にも伝えたいものだと、その始めから終わりまでをすべて書き写した）としています。

「三教」の限界（第一節）

まず、三教はともに「誠の道」にかなわない、と述べています。

「道としてよるべき〝道〟は特別なものである。神・儒・仏の三教はいずれも誠の道にはかなわないと知る必要がある【道の道といふべき道は、各別なるものにて、此《この》三教の道は、皆誠の道に、かなはざる道也としるべし】」

このように、（翁が語っているというメタ・ストーリーになってはいますが）仲基は究極の道として誠の道を設定しています。はたしてこの誠の道とはいかなるものなのでしょうか。いずれその内容は明らかになっていきます。

「仏教はインドの道、儒教は中国の道、国が異なるので、日本の道ではない。神道は日本の道であるが、時代が異なっているので、今の世の日本の道ではない【佛は天竺の道、儒は漢《から》の道、国ことなれば、日本の道にあらず。神は日本の道なれども、時ことなれば、今の世の道にあらず】」

仲基は、国柄の違いと、時代の違いとの二つをもって、三教は今の世に添うものではないと断じます。

また、「道というものは国や時代に左右されない普遍的なものなのだが、道は実践されてこそ道なのであって、三教は今の世に実践されていないからダメだ」などとも語っています。つまり、〝道〟はシンプルでなければならない、誰もが歩めるもの、実践できるものでなければならない、それが仲基の〝道〟論なのです。ただ、ここではこの論を展開しているのはある翁という体《てい》になっています。

独特な叙述スタイル（第二節）

三教はなぜ実践できないのか。まず仏教について、次のように語っています。

「仏教では、僧侶のやることはインド式になっている。言葉や建築にいたるまでインドにならったものになっている。たとえば、インドでは片肌を脱いで合掌する。腿や膝をあらわにするのは礼儀正しいことになる。『無量義経』に「踝《か》膝《しつ》露《ろ》現《げん》陰《おん》馬《ま》蔵《ぞう》」とある。つまり尻などを出すのもよいことになっている。そんなにインド式がいいなら、仏僧は遠慮せずに（隠しているものを）出せ【人のかくれのきたなきをも、あらはしてかくさゞるをよしとす。仏者は皆かゝることをも、はゞからずなすべきなり】」

なんて嫌味な文章なのでしょう。ちょっとニーチェ的ですね。

などと思っていたら、第三節の冒頭に第二節へのコメントが添えられています。第四節の冒頭には第三節のコメント、第五節の冒頭には第四節のコメントが書いてあります。

これは仲基自身のコメントです。つまり、各節の内容は翁が語ったものであり、それに対して仲基が言葉を添えている（という形態になっている）のです。そして、この第二節のコメントには「（翁がこんな嫌味を言ったのは）インドを見習おうとして、この国にふさわしくないことばかりやっていることを憎んでわざと嘲弄《ちょうろう》したのだ」とあります。つまり、翁が語ったという体で嫌味や揶揄を書いているのです。その上で「この嫌味や揶揄の真意は」とコメントする手法なのです。

こうした叙述の手法は次節以降も続きます。

儒教と神道を批判（第三〜五節）

すでに述べた通り、第三節は第二節の語りを補うコメントから始まります。

仲基は「五分律」を引用して（すでに読者はご存じの通り、仲基は仏典に精通していますからね）、「仏はなにもインドを見習えと説いたのではない」と日本仏教を批判します。「日本の仏教者はなんでもインドの真似をしようと学んで、この国にふさわしくないことばかりやっているのは、いずれも道にはずれているのだ【然《しか》るに日本の仏者の、諸事天竺をうつし学ばむとて、此国に不相応なることをのみ行ふものは、皆其道にあたらぬことなり】」

続いて第三節本文では、日本の儒者の在り方を揶揄します。

「儒者は中国式に、牛や羊を食べろ。献立も礼記の内則篇に従え」

「婚礼では親迎《しんげい》（新郎が新婦を迎える結婚儀式）をすべきだ」

「祭のときには尸《かたしろ》（神さまが憑依する拠りどころ）をおけ。服装も、深衣《しんえ》（貴人の日常着）を着て、章甫《しょうほ》（儒者の冠）をつけろ」

「なんだ今の儒者は、裃《かみしも》（和服の正装）をつけて、総髪にしているじゃないか」

「そもそも、儒者は中国の文字を使え」などといった調子です。

第四節冒頭に、第三節へのコメントが入ります。

そこでは、「何も儒教では中国の真似をしろと言っているのではない。しかし、我が国の儒者は中国風俗を真似ようとしている。真の儒道からすれば見当外れである【然に、日本の儒者の、諸事漢の風俗に似せむとて、此国にうとき事のみ行《おこな》ものは、又真の儒道にも当らぬ事也】」と述べています。

そして、今度は神道の人たちを非難します。

「神道者は、昔の通りに実行すべきだ。人に向かってかしわ手をうち、四拝するのが礼儀だ。枚手《ひらで》と呼ばれる柏の葉にご飯を盛って食べること。喪中は歌を歌い、喪が終われば川へ行って祓いをする。金銀や銭はなかったのだから、使うな」

「今の我々の衣服は、中国の呉服なんだから使用しない方がよい」
「父をカゾ、母をイロハ、爾《なんじ》をオレ、衣服をシラハ、蛇をハハ、病気をアッシレルと表現して、名前もナニ彦やナニ姫ノ命《みこと》とせよ」と、翁は言います。

日本の古語が面白いですね。そう言えば、近年よく言われる拝殿での二礼二拍手一礼もそれほど古い伝統ではありません。

第五節は前節へのコメントから始まります。

「太古のようにすべきだと神道が言っているわけではない。ところが今の神道は、昔のことを手本にしておかしなことをやっている。今の神道は誠の神道ではない」
「今の三教は、みな神事・儒事・仏事であって、本当の神道でも儒道でも仏道でもないのだ【誠に今の世の道は、皆神事・儒事・仏事の戯れごとのみにて、誠の神道・儒道・仏道にはあらざるなり】」

と言葉を添えています。

さらに翁の話は続きます。

「(これまでの話は三教を)あざけっているようだが、本来こうあるべきという点を明らかにしただけである」

「五里か十里離れたところの風俗でさえ、そっくりマネることは困難だ。ましてインドや中国をそっくり学び取ることなどできない」

「五年十年前のことでさえ、きちんと覚えているのは困難だ。それなのに昔の神代のことを真似ようとしても実現不可能である」

「三教のいずれも実践されるべき必然性がない。だから三教すべて誠の道に適していない」

と結論づけます。

ここまでの語りは、いずれも仲基の思想を構築するために必要な手順なのです。

誠の道とは何か（第六〜七節）

さて、いよいよ第六節では「誠の道とは何か」が述べられます。

「為すべきことを当たり前につとめ、今現在の仕事を根拠として、心をまっすぐにして、品行を正し、言葉遣いが荒れないようにして、立ち居振る舞いを整え、親がいる者はよく孝行すること【唯《ただ》物ごとそのあたりまへをつとめ、今日の業《わざ》を本とし、心をすぐにし、身持をたゞしくし、物いひをしづめ、立ふるまひをつゝしみ、親あるものは、能《よく》これにつかふまつり】」

そして、このことは仏教の『六向拝経』（六方礼経）や、儒教の五倫の教えや、神道の『神令《しんりょう》』にも説かれているので、この〝誠の道〟は三教の道においても不可欠だと主張します。

ここには高度な文献批評を展開する富永仲基の切れ味がありません。あまりにも凡庸な言説という印象をぬぐえません。たいていの人は、ここでがっかりするのではないでしょうか。

壮大な思想体系と実践をもつ仏教や儒教、神々のコスモロジーを展開する神道、この三教を凌駕するものであるとは到底思えません。

とにかく、もう少し読み進むことにしましょう。

「主君に仕える者は精一杯心をつくし、子どもがいる者は懸命に教え導き、臣下をもつ者はよくこれをおさめ、夫ある者は夫に従い、妻ある者は妻を引っぱっていき……【君あるものは、よくこれに心をつくし、子あるものは、能これをおしへ、臣あるものは、よくこれをおさめ、夫あるものは、能これに従ひ、妻あるものは、能これをひきひ……】」と話が続いていきます。

兄弟、お年寄、先祖などに対しても心構えが説かれ、「他者に対しては誠意をつくし、悪い遊びをせず、優れた人に敬意をもち、愚かな人をあなどらず、角を立てず、ひがまず、頑固にならず、あくせくせず、度を越して怒らず、楽しみにおぼれず、悲しみに自分を失わず、なにごとにも満足する」「受け取るべきでないものは塵さえも受け取らず、与えるべきものは天下国家でさえ惜しまず与える。贅沢をせず、おごることなく、けちらず、盗まず、偽らず、色事にも理性を失わず、酒を飲んでも乱れず、人に害を与えないものは殺さず、飲食を慎んで暮らす」と、翁は語ります。

これに対して、仲基は『瑜伽経』や『論語』を引用して、仏教や儒教でも〝誠の道〟を示唆する教えがあるとコメントします。

さらに『論語』と『五分律』も引用し、「時間があれば学芸につとめるべきである」と主張します。「今を生き、今と関わる」。これこそが今の日本で実践されるべき道であると結論づけるのです。

誠の道というのは、確かにシンプルな真理といった様相ではありますが、なにやらありがちな人生訓のようでもあります。文献を解読して比較検討する能力は天才であっても、仲基自身の思想を構築することはできなかったのでしょうか。あるいは、年齢から考えて、まだこれから、ということだったのかもしれません。

『出定後語』が研究書であるのに対して、『翁の文』は平易な啓蒙書であるため、このような内容になったのでしょうか。

仲基という人は、加上された思想に対して、まるでオッカムの剃刀《かみそり》を振るうがごとくバッサバッサと枝をはらっていきます。そういう思想の持ち主であるがゆえに、よりシンプルな原則に魅力を感じていたのかもしれませんね。

次節で、翁は「この道はこれまでに説かれてきたもので、特別なことではない」と語っています。

第六節についての仲基のコメントは、「これらは儒仏の書物に説かれてきた。いまさら格別のものではない。しかし翁が不必要なことは一切言わずに、直接誠の道を指し示した志は尊敬に値する」というものとなっています。

そして翁の語りは続きます。

「誠の道はインド・中国・神代の日本からのものではない。ただ今を生きる人たちの中から生まれたものである」「ごく当たり前の、人がなすべきところから生じたのが誠の道だ。人が特に頭をひねって作り出したわけでもない【人のあたりまへより出来《いでき》たる事にて、これを又人のわざとたばかりて、かりにつくり出たることにもあらず】」

ここには仲基の思想傾向を見て取ることができます。つまり、人が作為的に展開することが好きではないのでしょう。権威とか、誇張とか、見せかけたり、奇をてらったり、そういうのが嫌なのです。素朴で、自然発生的で、ひねくらず、素材そのままであり、かつ本質的なもの。それが仲基の求めるものであると言えます。

実践を説く（第八〜九節）

ここでは誠の道のエビデンスを諸教に見ていくこととなります。

翁は、仏教・儒教・神道が説いている内容が、誠の道と共通していることを語ります。

「誠の道以外に、何か新しく別の道を創造することは困難であって、その証拠に仏教では五戒・十善・三毒・三福・七仏通戒偈、儒教では孝弟忠恕《こうていちゅうじょ》・忠信篤敬《ちゅうしんとっけい》・知《ち》仁勇《じんゆう》の三徳、神道では清浄・質素・正直を説いており、いずれも道理にかなった教えだから共通する内容となっている」

三教を学ぶ人もここを心にとめて、人の世の中で暮らすなら、誠の道を実践することになる、そのように主張します。つまり、三教が共に説くということは、誠の道が正しいことの証明になるのですね。ただ、既述のように、三教にはそれぞれ問題があると考えるのです。残るは誠の道だ、となります。

この第八節をうけて、第九節に仲基の意見が述べられることになります（もちろん自作自演）。ここで仲基は「この第八節に翁の一番言いたいことが述べられている」としています。

つまり「三教の道を捨てよ」と説いているのではなく、「誠の道を実践せよ」と主張していると言うのです【是にて翁も本意をいひあらはせり。全く三教の道をすてんとにはあらじ。只《ただ》その誠の道を行はしめんとなり】。

そして、翁は次のように語ります。

「しかしながら、この点において私、翁には説がある。古来、道を説いて、法を立てようとするものは、必ずそれ以前の先人・祖を前提として、その人よりも優位に立とうとするのが常なのである。後代の人はみんな、このことを知らないために迷うのである【然れどもこゝに翁が説あり。おほよそ古より道をとき法をはじむるもの、必ずそのかこつけて祖とするところありて、我より先にたてたる者の上を出んとするが、その定《さだま》りたるならはしにて、後の人は皆これをしらずして迷ふことをなせり】」

すでによくご存じの通り、仲基の「加上」です。これぞ仲基の思想研究の立脚点です。次節から、この問題が述べられていきます。

仏教・儒教・神道の加上（第十〜十三節）

ここはすでに『出定後語』の内容を知る読者にとっては、既知の展開です。仲基の仏教思想史的観点が、端的に述べられています。

「釈迦は先の六仏や非想非非想処や無所有処の上に出た」「文殊菩薩信仰系が般若部の大乗経典をつくって〝空〟を展開」「摩訶迦葉系が阿含部の小乗経典をつくって〝有〟思想を説く」「普賢菩薩信仰系が『法華経』『深密解脱経《じんみつげだつきょう》』をつくって〝不空実相〟を主張」「『華厳経』『涅槃経』密教いずれも加上されたものであること」が逐一述べられています。

そしてこのこと（加上）を知らずに、『維摩経』では一音《いっとん》説法と述べられたり、天台では五時の説を立てたり、賢首《けんしゅ》大師の「根機によって変わる」といった主張は、いずれも誤解であると語ります。

仲基はこのように語った後、詳しいことを知りたいと思うならば『出定後語』を見よ、と結んでいます。

続く十一節では、儒教における加上について述べられています。

孔子が、当時の斉《せい》の桓公・晋《しん》の文公に対して、堯《ぎょう》・舜《しゅん》による文武の道・王道を説いたのも加上だと言うのです。

また、「墨子が堯・舜を尊び、夏《か》の道を主張したのは、孔子の加上である。楊朱《ようしゅ》が、帝道と黄帝《こうてい》を言うのは、孔子・墨子の加上。許行《きょこう》が神農《しんのう》について説き、荘子や列子の一派が無懐《ぶかい》・葛天《かってん》・鴻荒《こうこう》の世について説くのも、みんな加上だ」としています。

「『儒は分かれて八つとなる』などと言うが、いずれも孔子に加上したものである【儒分れて八となるとあれば、さまぐ\に孔子にかこつけて、皆その上を出あひたるものなり】。告子《こくし》が『性は善なく不善なし』と主張するのも、世子《せいし》が『性には善あり悪あり』とするのも加上である。孟子の性善説も、告子の加上。荀子の性悪説は、孟子の加上。楽正子春《がくせいししゅん》が『孝経』をつくったのも、いろいろな道を捨てて孝に的をしぼったものであり、加上の構図なのだ。

伊藤仁斎は『孟子ひとりが孔子を理解している。その他は邪説』とし、荻生徂徠は『孔子の道は直接先王の道に通じている。子思・孟子などは道にそむいている』などと主張しているが、いずれも間違いである【又徂徠は、孔子の道はすぐに先王の道にて、子思・孟子などはこれに戻《もと》れりなどいひしは、皆大なる見ぞこなひの間違たる事どもなり】。この点について知りたければ、『説蔽』を読むとよい」と、翁は語ります。

この第十一節には、仲基の幻の著作である『説蔽』の内容の一部が書かれているとわかります。『説蔽』が現存しておらず、まことに残念です。

ここには、短い一節の中に、儒教の加上構造がよく示されています。性善説や性悪説に関することがらからは、加上の仕組みが明瞭に見て取ることができます。

おそらく仲基は、儒教研究によって加上説を構想したのでしょう。そして、この構想を通じて仏教や神道を考察すると、これまで見えなかったものが見えてきた、ということだったのではないでしょうか。

さて、とても興味深い第十一節を受けて、仲基は次のようにコメントします。

「翁はそのように言うが、決して『上に出よう』としたわけではなく、それ以前の説を憂えて真実を説こうとしたためであろう。孔子が文武を説いたのも、当時の政治が功利に走り過ぎて、ウソでかためていたため、それを憂えてのことである。釈迦が生死を離れよと説いたのも、釈迦以前の教えが真実の道ではなかったからである。翁が言うように、加上して、上に出ようという意図的なものであったなら、釈迦も孔子も大した人物ではないことになってしまう【もしも又翁の言のごとく、わざと巧みてその上を出たるものならば、釈迦・孔子とても皆とるにはたらざるものといふべし】」

翁の加上説をやんわり否定しているのでしょうか。

いいや、よく読むと、決して加上説そのものを否定しているわけではありません。釈迦や孔子は、決して小さな志で思想を立てたわけではない、と言っているのです。

この第十一節と第十二節を読むと、なぜ仲基が「翁の教え」と「仲基のコメント」との組み合わせといった構成にしたのかがわかります。

翁という仮想人物の口を借りて端的に主張し、仲基がそれを柔らかくキャッチするといった体裁になっているのです。もしかすると、『説蔽』や『出定後語』が周囲との摩擦を生み出したために、このような手法を用いることにしたのかもしれません。

さて、第十二節では翁による〝神道の加上〟論へと話が進んでいきます。翁は次のように語ります。

「神道と言っても、神代からあったわけではない。中古代の人々が、神代にかこつけて、これが日本の道だと名づけ、儒教や仏教の上に出ようとした(加上)ものである【扨又《さて》神道とても、みな、中古の人共が神代の昔にかこつけて、日本の道と名付、儒仏の上を出たるものなり】。最初にできた両部習合（真言宗系の神道で、本地垂迹《ほんじすいじゃく》説に基づいている）は、儒教・仏教がよい具合に加減されてつくられていた。次に本迹縁起《ほんじゃくえんぎ》（吉田神道系）ができたが、これは仏教側が神道を仏教におとしこんでつくったものである。そして唯一宗源《ゆいいつそうげん》が登場する。これは儒教・仏教から離れて、純一な神道を説こうとしたものである」

さらに、「最近では王道神道（林羅山の提唱による神道）が出てきて、王道すなわち神道なりと説いている。あるいは、表向き神道で、実は儒教みたいなものもある。こういう構図を知らずに、世間の人はどちらが正しいとか、道理が通るの通らないのなどと争っている。実に気の毒であり、愚かである」と、このように翁は持論を展開しています。もちろん、これは仲基[※1]の神道論です。

続く第十三節は短く、第十二節に対する仲基のコメントも付せられていません。「三教にはそれぞれよくない特徴がある。これをよく知ること。迷ってはいけない【扨又三教にみなあしきくせあり。是をよく弁《わきま》へて迷ふべからず】」といった箴言《しんげん》風の節となっています。そして、次節から仲基による比較文化論的三教批判が述べられます。

我々がすでに『出定後語』で読んだ内容です。

仏教・儒教・神道の〝くせ〟（第十四〜十六節）

仲基が言う〝くせ〟とは、文化風土や国民性のことです。『出定後語』では「俗《ぞく》」と表現されています。ある思想体系を研究する際に、この〝くせ〟という要素を見落としてはならないと仲基は考えていました。

仲基は、翁の語りを借りて「仏道のくせ・傾向は、幻術である【仏道のくせは、幻術なり】。幻術とは飯縄《いづな》（魔術・手品）のことである。インドは幻術好きの国であり、道を説き人を導くにもこれを使う。そうでなければ皆が信じない。釈迦は飯縄が上手だった。六年間の修行期間も、これを学ぶためだったのだ。経典の神変・神通・神力などというのもこれだ。白毫《びゃくごう》から光を放って三千世界を現し、広長舌を梵天世界まで届かせたことや、維摩が方丈（小さな部屋）の中に八万四千の獅子座を設けたり、神女が舎利弗を女性に変えたりしたというのも、すべてこの飯縄（魔術）である」としています。

そして、「いろいろと怪しげな『生死流転因果《しょうじるてんいんが》』『本事本生未曾有《ほんじほんしょうみぞう》』などと説くのも、人に信じさせる方便である。しかし、これらはいずれもインド人の方法であって、日本ではそれほど必要ではない【是は天竺の人をみちびく仕方にて、日本にはさのみいらざる事也】」と述べるのです。

この翁の主張を受けて、仲基は「翁はそう言うが、魔術と神通は違う。前者は技術、後者は修行から出る」と間違いを指摘します（何度も言いますが、仲基の自作自演です）。いったん否定的な言辞を提示するので、読み物としての面白さは増しています。そして、その後に「ただ、翁の言うことはもっともだ」と結んでいます。

次に翁は、儒教のくせ・傾向を語ります。

「儒道のくせは文辞（文章の言葉）である【又儒道のくせは、文辞なり】。文辞とは、今で言うところの弁舌だ。中国はこれが好きな国柄なので、これがないと信じてもらえない。たとえば『礼』はもともと冠婚葬祭の礼式なのに、人の道や天地の別にまで言及する。『楽』はただ鐘や太鼓を鳴らして心を慰めることなのに、天地の和なり、などと言う。『聖』の字は、知恵ある人のことなのに、拡大して、人間の最上のもので神変さえあるかのように言う」と、儒教が言葉を飾り立て、大仰に表現することについて言及しています。礼や楽や聖も、その内容自体は平易なものなのだと解説します。

そして、「孔子が『仁』を主張して、曾子が『仁義』を主張。子思が『誠』を主張して、孟子が『四端性善《したんせいぜん》』を説く。荀子が『性悪』を説き、『孝経』が『孝』を説く。『大学』が『好悪』を説き、『易経』が『乾坤《けんこん》』を説いた。いずれも、本当はたいしたことのない平易な内実を、大げさに語り、人の気を引く方便である。それが文辞である。インドの飯縄と同じだ。これも日本ではそれほど必要ない【漢の文辞は、すぐに天竺の飯縄にて、これもさのみ日本にはいらざる事なり】」としています。

この第十五節の内容も、『説蔽』の中に書かれていたのかもしれません。

続く第十六節が終節となります。

仲基は第十五節を受けて、「翁はそう言うが、きわめて高度な道がある。それを知らないのか【道の至れる事あるは、翁も知《しら》ざらんや】。簡単には伝えられないことがあるのを知らないのか。みんな、翁の言葉に迷って、本意を失ってはいけない【翁の此ことばに惑ひて、本意を失ふべからず】」と、はっきり翁の儒教論を否定してみせます。

このあたりは、儒教関係者への配慮とエクスキューズなのではないでしょうか。もしそうであれば、ここからは仲基の苦心の跡を見て取ることができます。

翁は神道について次のように述べます。

「神道のくせ・傾向は、神秘・秘伝・伝授と言って、ただ物を隠してばかりいることである【扨又神道のくせは、神秘・秘伝・伝授にて、只物をかくすがそのくせなり】。そもそも隠すという行為は、偽りや盗みのもとである。幻術や文辞は見ていてもおもしろく、聞いていても聞きがいがあるので、許されるところもあるが、これはとても劣っている【ひとり是くせのみ、甚だ劣れりといふべし】。昔は人の心が素直だったので、隠す効果があったものの、今は道理にもとることだ。猿楽や茶の湯にいたるまで、伝授印可を作り、値段を決めて、生計のためにやっている。誠に悲しむべきことだ。能力が熟していないいからすぐには伝授できないというのは一理あるが、ひたすら隠して、値段を定めて伝授するなどということはすべて誠の道ではない【皆誠の道にはあらぬ事と心得べし】」

このように結んでいます。

神道への物言いが、一番辛辣です。

『出定後語』によって気勢を揚げて仏教を叩き、神道を持ち上げていた偏狭な国学者たちが、もしこの『翁の文』を読んでいたら、どのようなことを語ったのでしょう。しかし、この書が広く読まれることはなかったのです。

理知の要請

私も比較宗教思想の研究者として、この『翁の文』には強く惹かれます。仲基は仏教・儒教・神道が及ぼす力の外に立脚して、思想を展開した人物であったことがよくわかります。

それは彼が「宗教的関心」と「理性や知性への信憑」の双方をもつ人物だったからでしょう。仲基は間テクスト性[※2]を見通す能力に関しては、類まれな人物です。しかしそれだけでなく、人間のもつ宗教性への高い関心があり、同時に人間の理知への信頼・信憑があります。

だからこそ『翁の文』の第五節には、「まことに今の世の道は、みな神事・儒事・仏事の戯れごとばかりで、誠の神道・儒道・仏道というものではない。（中略）実践されないような道は本来の道ではないから、三教はすべて、誠の道に適《かな》った道ではないということを、よく知るべきである【誠に今の世の道は、皆神事・儒事・仏事の戯れごとのみにて、誠の神道・儒道・仏道にはあらざるなり。（中略）行はれざる道は道にあらざれば、三教はみな誠の道に叶《かなわ》ざる道なりとしるべし】」と語るのです。

形骸化された宗教ではなく、まさに今、実践されるべき教えでなければならないと主張しています。合理的思考に長けており、プラグマティックな仲基にとっては、「実践されるべき教え」という点が重要なのです。そしてその実践の方向性を定めるのは、人間の理性や知性となります。いわば仲基は、読者に強靱な理知の喚起を要請しているのです。

宗教学者の島薗進は「『翁の文』と『出定後語』は、東アジアにおいて宗教学的な思考のある種の側面が世界に先駆けて発達していたことを教えてくれている」「特定の宗教伝統を超えて思索しようとした富永の仕事を宗教学の先駆的業績として評価することは、けっして突飛なことではないだろう」と評しています（「宗教学の成立と宗教批判——富永仲基・ヒューム・ニーチェ——」）。私もその通りだと思います。

ただ、仲基が考えたほど人知の進歩は楽観的なものではありませんでした。

仲基没後、日本では次第に啓蒙主義が展開されていきます。二宮尊徳などにもその傾向を見ることができます。そして、近代へと突入した後は、合理性が尊ばれる流れが主流となっていきます。ところが、近代後半になるとむしろ理性の限界が強く意識されるようになります。そしてはるか昔から人間の理性に懐疑の目を向け、人間が自分自身では扱えない奥底のドロドロした陰の部分と対峙してきた宗教が繰り返し浮上することとなりました。

その点においては、仲基が言うように「これからは人間の理性と徳でやっていけばいいのだ」とはならなかったのです。

メタローグとしての『翁の文』

人間の精神の病理や生物の生態など広範な研究を行ったグレゴリー・ベイトソンは、〝メタローグ〟という奇妙な記述方法を用いました。それは自分の娘を架空の対話相手に設定して、想像上の対話を記述していくという手法です。

モノローグ（一人語り）でもなく、ダイアローグ（対話）でもなく、架空の相手との対話です。そうすることによって、単に問題を論じるだけでなく、その議論を構築している構造自体が映し出されるというのです。時には予想もしていなかった方向へと対話が進み、時には架空の娘は自分を批判します。まるで漫才の〝ボケ〟と〝ツッコミ〟という対話手法のように、自分で自分に〝ツッコミ〟を入れるのですが、それは我が娘という人格を通しての〝自分ツッコミ〟となります。ここがメタローグのユニークなところです。

『翁の文』は、このメタローグ的テクストです。ベイトソンの娘のように、翁が実在していたかどうかは不明です。そこは実際に娘のいたベイトソンのメタローグとの相違でしょう。でも『翁の文』の翁には、仲基の老賢者のイメージが投影されていることは間違いありません。

その翁との架空対話によって、仲基の中にある複雑な感情や思考の骨組みをうまく提示することに成功しています。たとえば、第六節では翁が「誠の道」について滔々と弁じているのですが、それに対して仲基が「これらのことは、すべて儒・仏の書物に説きふるされたことであって【これらのことは、皆儒仏の書に説ふるしたる事どもにて】」とツッコミを入れるのです。

これによって、仲基自身、「誠の道」は決して新しい思想でもなければ、特別な主張でもないことを自覚していたことがわかります。しかし、それはメタローグという記述法だからこそ開示できた部分だと言えます。

2.『楽律考』

仲基の新しい一面

ここまで『出定後語』と『翁の文』を見てきました。仲基が世に出したのはこの二冊です。しかし、他にも刊行予定であった著作が見つかっています。それが『楽律考』です。漢文で書かれており、返り点や送り仮名がふられていません。

仲基は、二十五歳の頃に『律略』を著しました。この書の出版願い（企画申請書）が残っています。しかし、実際には出版へと至らなかったようです。この『律略』の訂正増補草稿本が『楽律考』です。第一部でも紹介したように、『楽律考』の清書本は昭和十二年に確認され、昭和三十三年に影印本が刊行されました。実は『翁の文』や『三器』も、『律略』と同様の時期に書かれたようです。いずれも仲基が二十二〜二十五歳あたりの成立だと考えられます。

この『楽律考』によって我々は、音楽研究・度量衡研究という仲基の新しい一面を発見することとなりました。このことは、仲基研究の先人・内藤湖南もできなかったことです。

幸いにして、現在、『富永仲基の「楽律考」―儒教と音楽について』（横田庄一郎編著／印藤和寛訳・解題）により全文を読むことができます（この節では、印藤の現代語訳を使っています。また、横田と印藤の論説の引用も同書に拠ります）。

『楽律考』の冒頭に蒼梧源洞文温叔という人物（未詳）が贈言していますが、それによれば仲基は自身を評して「自分は音楽家である。音楽家に生まれついたのだ」と語っていたそうです。実際に幼少期より、弟・蘭皐《らんこう》と共に雅楽管弦を学んでおり、池田での花見や遊山の際には兄弟で楽器を奏したことを蘭皐が書き残しています。兄弟の雅楽の師は不明ですが、印藤和寛は『富永仲基の「楽律考」』の解題において、「天満の白井千克」という人物の可能性に言及しています。

世界を統べるハーモニー

蒼梧源洞文温叔の贈言には、「調和した音楽は神と人に行き渡り、音階はもの皆すべて、山や川に、谷や峰を越えて広がり、あらゆる人々に、深く静かに、口ずさまれる。

これこそが大いなる調和であろう」ともあります。この世界のすべてがハーモニーとなって〝自ずから然《しか》らしむ（自然）〟という感性ですね。

この書の冒頭、仲基は「およそ人は声なきに能はず、既に声あれば、律なきに能はず」と書いています。人間は発声するものであり、発声があればそこには音楽の法則があるというわけです。『楽律考』の楽律とは、音律のことですので、この書は仲基による「音楽論」ということになります。しかし、同時に仲基の「度量衡論」なのです。正しい度量衡に基づかねば、すべてのハーモニーが歪む、そうなると世間の基準が歪む、このことが詳述されています。

これを読むと、なぜ儒教思想の行きつく先に「礼楽」が設定されているのかが理解できます。『論語』には「詩に興り、礼に立ち、楽に成る」（泰伯）とあります。儒教において礼や楽は、思想体系の中軸なのです。

また『礼記』の中の「楽記」には、楽は倫理に通じることが説かれています。音楽は、芸術であると共に、娯楽でもあり、表現方法でもあり、人間形成や倫理の問題にも関わり、度量衡の問題を通して社会の運営にも関わる重要な案件です。

本書の贈言には、「音律が明らかでないのは、尺度が混乱していることに起因します。

尺度は信の集まるところ、信は徳の生じる母胎です。この集まるところ、母胎が確立してはじめて、万物はそのあるべき所を得るのです。自分は、その努力を度量衡の研究より始めようとし、そこで、『三器』を完成しました」と、仲基が語っていたことが紹介されています。すでに何度も申し上げているように『三器』は現存していませんが、この仲基の発言は彼の思想を考える上でのカギとなるでしょう。敷衍《ふえん》して言えば、仲基の「誠の道」もこのような〝しっかりした尺度〟の基準をイメージしていたのでしょうし、その尺度は自然や社会全体の調和を視野に入れたものだったのでしょう。

なにしろ、古代の中国では政権が変われば度量衡が変わってしまいます。度量衡が変われば、世間の基準がすべて変わる。これが定まらねば、国は治まらない——そんな思いが仲基にはあったのです。古代中国において周が殷を滅ぼす時、殷から楽士たちが逃げ出すのを見て「もうあの国はダメだ」と判断したエピソードは、「楽」の重要性をよく表わしています。

楽と度量衡

『楽律考』の内容でもっとも特徴的なポイントは、仲基が「日本に伝来した唐楽《とうがく》の楽律は、隋代の音楽家である万宝常《ばんほうじょう》が定めた水尺律[※3]によるものである」と結論づけたところにあります。

これは従来の説と対立します。同時に、荻生徂徠の著書である『楽律考』への批判に通じます。横田庄一郎が的確にまとめているので紹介します。

> 彼が生きた十八世紀の前半、先駆者として荻生徂徠の存在があった。当時の朱子学は礼楽といいながら礼のみを論じると批判する徂徠は、理想の政治を先王の礼楽に求めた。徳川将軍も代を重ねて、太平の世が謳われていた。そこで彼は『楽律考』をまとめ、日本に伝来した宮廷の雅楽こそ中国では見失われてしまった先王の古楽であると主張した。仲基の『楽律考』はそれへの批判である。綿密な歴代楽律の考証を重ねて、徂徠の主張が中国の黄鐘（こうしょう）と日本の黄鐘（おうしき）を同一視するなど（引用者註・詳しくは後述）根拠が薄弱であり、日本の雅楽は本来は唐の俗楽であると論破した。

仲基が注目した万宝常という人物は、それほどメジャーではないようです。この点について、印藤和寛が「万宝常のことは、一般の評価では、単なる一奇人のエピソードでしかない。しかし、仲基はさまざまな考証の結果、隋、唐時代の正楽、太常の音楽全体を決定した根本理論としてこれを再発見」としています。印藤はさらに、二十世紀になってこの万宝常を再発見した中国の郭沫若《かくまつじゃく》を取り上げて、郭の見解と仲基の記述とが合致することを述べています。郭によれば、万宝常は大音楽家であり、当時の太常律《※4たいじょうりつ》は万宝常による水尺律であり、鉄尺律ではなかった、ということだそうです。仲基の言う通り、鉄尺の通説が覆ったわけです。

仲基は『楽律考』「日本古代の「唐楽」楽律」の中で、「日本古代の「唐楽」楽律は、隋唐で用いられた万宝常の水尺律である。（中略）長さの単位である度については、隋唐の鉄尺が伝えられたのであり、別にまた、それの一尺二寸を単位とする大尺というものもあった。容積と長さの単位、量衡については、隋唐の古い一斗、一称が伝えられたのであり、別にまた大斗、大称というものもあった。そして音律については、隋唐より、万宝常によって作られた水尺律が伝えられたのである」と語っています。

日本仏教の声明《しょうみょう》や、雅楽や俗楽においては、今日も使われている十二律をご存じでしょうか。

一オクターブを十二の半音に分け、基音を壱越《いちこつ》として、断金《たんぎん》、平調《ひょうじょう》、勝絶《しょうせつ》、下無《しもむ》、双《そう》調《じょう》、鳧鐘《ふしょう》、黄鐘《おうしき》、鸞鏡《らんけい》、盤渉《ばんしき》、神仙《しんせん》、上無《かみむ》と名づけられている音律です。

この十二律に加えて、呂曲《りょきょく》・中曲・律曲《りつきょく》と五音《ごいん》（宮《きゅう》・商《しょう》・角《かく》・徴《ち》・羽《う》の五つの音階音のことです。五声とも言います）との組み合わせで、日本の伝統音楽や声明、雅楽の音律・音階ができています。

「呂律《ろれつ》が回らない」という言い方がありますが、これは呂曲と律曲からきた言葉です。中曲は日本オリジナルの旋律だそうです。

これらは、歌念仏《うたねんぶつ》・和讃《わさん》・御詠歌《ごえいか》・祭文《さいもん》・今様《いまよう》・謡曲・浄瑠璃・長唄・小唄・音頭・浪曲・民謡、現在の演歌の小節《こぶし》にいたるまで、声楽・歌謡の土壌となっています。近代になって欧米の声楽・歌謡が輸入されるまで、日本独自の発声法として展開してきました。今でも日本人の心身に刻み込まれた技法であると思います。

日本では壱越が基音となっていますが、中国の十二律は黄鐘《こうしょう》を基準に組み立てられています。特定の長さと太さの竹管や銅管で笛を作り、その音で黄鐘を定めていました。

漢代で言うと、黄鐘は二十四・八八五センチメートルの長さで、容積が十七・一二立方センチメートルだったそうです。これはクロキビの実を縦に九十粒並べた長さ、管の中にクロキビが千二百粒入る容積とのこと。そして、この重さが十二銖《しゅ》、二十四銖が一両、十六両が一斤《きん》、三十斤が一鈞《きん》、四鈞が一石《こく》と、重さの単位が決まります。まさに音律は、社会の根幹を形成するのですね。

音楽の本質

仲基に言わせれば、「王喬桂や李文利などの学者が黄鐘律管の数値を誤解した。その後も明代以後の学者の説は杜撰なものが多い」と、中国の学者にも手厳しい批判を展開しています。

そして文献を精読することで、周の楽律は、漢の楽律よりも二律分下の音律名になる（同じ音階名の音であれば、二律分上の音律になる）ことを立論しています。そして「上古以来千数百年の間、誰一人としてこのことに言及した者がいないのは、誠に奇妙なことである」と書き、ちらりと自負をのぞかせています。

この他にも、仲基は「日本の楽律」「魏の楽律」「梁《りょう》の楽律」「北周の楽律」「隋の楽律」「唐の楽律」「宋の楽律」「元の楽律」について考証しており、『隋書』「万宝常伝」に拠って、万宝常の楽律論を高く評価するのです。

さて、『楽律考』の終節「楽本（音楽の本質について）」で、仲基は独自の見解を語っています。たとえば、「雅頌《がしょう》の声、真正の音楽というものは、声（音楽）そのものの中に存在するのであって、器（楽器や音楽制度）の中にあるのではない」と言います。

そもそも音楽の発生から考えると、言葉では表現できない領域を音楽で表してきたのであり、そこには道を求める心があった、それを先人たちが制定・体系化してきたのであり、それを忘れて形ばかり固守してもダメだというわけです。

「それゆえ、雅頌の声は和らぎと正しさの中に存在する。和らぎがあればそこから流れることもあり、正しさがそこから浸透する。正しさがあれば強固になり、和らぎがそこに行き渡る。こうして声（音楽）に平らかさが生じる。平らかさ、これこそが雅頌の声、真正の音楽の根本である」

このように述べています。そして、なんだ最近の日本の音楽はなっとらん、などと憤り、猿楽《さるがく》や浄瑠璃、芝居などを酷評しています。社会・風俗の乱れについても嘆息しており、その原因として音楽の影響を挙げています。

そして最後に「この音楽に関わる考察は、元来数十条にわたり、音楽・楽曲・楽声・楽器すべてについて所説が展開されていた。しかし、これらはなお最後の完成の過程にあって、そのまま後世に伝えるわけにはいかぬものである。ああ、小生の病身の故に、宛《えん》として死を迎えることにもなれば、誰がこれを後世に伝えるであろうか」として、自分には時間が足りないことの自覚を吐露しています。ここは読んでいて、少し胸が痛む叙述です。

荻生徂徠を批判

儒学の研究領域のテーマのひとつに楽律論があります。特に近代以前の東アジアでは、「古楽の復元」が論点となりました。古代中国の音楽が理想とされており、それがどのようなものだったのかを儒教経典から研究するわけです。

日本では荻生徂徠が『楽律考』や『楽制篇』などを著し、この問題を論じています。徂徠は『楽律考』で、中国における楽律（音律・音階・旋法《せんぽう》を含めた規定全般）の変遷と、日本に伝承される音楽（ことに雅楽）との関係について述べています。

楽律論において、魏晋時代にはわからなくなった古代の黄鐘《こうしょう》の高さを特定することは大きな問題でした。黄鐘は十二律の基準となるからです。

徂徠の『楽律考』には「本邦の雅楽は、もともと周漢の遺した音楽であり、律もまた周漢の律であり、そして第八の黄鐘《おうしき》の音は周漢の黄鐘《こうしょう》である」としています。徂徠はいくつもの根拠を挙げて、日本の雅楽こそが中国で失われた古楽であり、日本の黄鐘こそが周漢の黄鐘であることの立証を試みています。

仲基は、徂徠と同名の著作『楽律考』でこれを批判します。たとえば、徂徠の挙げている根拠のひとつ、「周漢の黄鐘と日本の黄鐘がおなじ音管の長さ九寸だから」に対して、「周の九寸は現在の六寸四分八厘となる」などと反論しています。また、日本の雅楽は本来、唐の俗楽であると主張しています。

仲基は『楽律考』の中で、唐の太宗の言葉を引用しながら、「音楽が乱れるから社会が乱れるのではない。人民が安寧に暮らせば、社会も調和し、音楽も自ずから調うのだ」といった主張をしています。これは、楽律と度量衡の制度を政治の基盤と考えてきた儒教思想への批評です。そして「あれこれ細々と音楽の制度をいじって復古改正をなす必要がどこにあろうかということである」(「唐楽律」)と言うのです。

仲基は、徂徠の主張を論破して、返す刀で儒学者たちの音楽論を批判しているわけです。

さらに、「楽本」では、〝和らぎ〟と〝正しさ〟に裏打ちされた〝平らかさ〟こそが音楽の根本であるという独特の音楽論を展開しています。

古楽研究への精緻な論考を立てた上で、「大事なことは、今、実践することだ」「音楽の本質は平らかさだ」とするのは、ちょうど儒教・仏教・神道の三教において独特の立論を提示しておいて、「これらは形骸化している。実践すべきは誠の道だ」と主張する態度とパラレルですね。仲基は音楽の領域においても、「今、実践する」という態度を大切にしたのでしょう。

なにしろ「贈言」には、二度、「我音官なりや（私は音楽家なのでしょう）」という仲基の言葉が二度出てくるのです。そして仲基は楽器の調律や演奏をごく自然にできた人だったと書いてあります。これほど余人の及ばぬ天才的な文献研究をした人が、「本当の私は音楽家なんですよ」などと言うのですから……。なんだかもう凡人には付いていけず、嫌になってしまいますね。

ちなみに、「楽部」には、「伎楽」※5について触れているところがあります。そして「先ごろ、法隆寺へ行って伎楽面を観る機会があった」と書いています。観光だったのか、参拝だったのか、古代の宗教芸能・音楽に興味があってわざわざ伎楽面を観にいったのか、知るよしもありませんが、早逝した仲基にもそんな小旅行の機会があったのかと思うと、少し心が和みます。

——第四部注釈

【1.『翁の文』】

※1 仲基の神道論：近世において、儒教と神道との習合が進んだ。仲基の言はこのことを指している。近世の儒者たちは仏教批判を展開し、神仏習合を基礎におく中世の神道を激しく攻撃した。しかし荻生徂徠や太宰春台《しゅんだい》らは、このような儒家神道を「神道は本来巫祝《ふしゅく》の道であって、儒教が説く古《いにしえ》の聖人の道とは異なる」と批判している。

※2 間テクスト性：テクスト間の相互関連性のこと。ロシアの哲学者・記号論研究者のミハイル・バフチンによるポリフォニー（多声性）論や対話論などの影響を受けて（さらにはソシュールやフロイトの影響も受けて）、フランスの哲学者であるジュリア・クリステヴァによって提唱された。

【2.『楽律考』】

※3 水尺律：日本の雅楽は「唐楽」と「高麗楽《こまがく》」に分けられるが、仲基は『楽律考』の中で「日本古代の「唐楽」の楽律は、隋唐で用いられた万宝常の水尺律である」としている（高麗楽は六朝《りくちょう》で用いられた鉄尺律だと言う）。万宝常が制作した音律が水尺律と呼ばれるのは、鉄尺律より黄鐘の音律が三律分下になるので、五行（木火土金水）に当てはめて「水」尺律と呼んだ。

※4 太常律：太常とは、天子の宗廟の祭祀をつかさどる官庁のこと。そこで用いられた音律。

※5 伎楽：寺院の法会・法要などで行われた儀式性の高い仮面舞踏劇。

第五部　富永仲基はどう語られてきたか

〝発見感〟のある人物

思想史研究者の宮川康子がおもしろいことを書いています。

「富永仲基（一七一五〜一七四六）はつねに発見され、歴史の中に再生される思想家であった。仲基の〈発見〉の背後には、それぞれの時代の歴史的文脈と、その発見者の視線がある」（『富永仲基と懐徳堂―思想史の前哨』序、ぺりかん社、一九九八年）

確かに仲基は、注目したその人にとって、なぜか〝発見感〟があります。実際に歴史に埋もれた時期もあったのですが、それでもどこかで発見されるのは「研究をしていて、たまたま仲基と出遇う」というパターンがあるからかもしれません。たとえば、仏教研究をしていて、日本文化論を勉強していて、思想史研究をしていて、その過程でたまたま仲基と出遇う――そんな感じなのかもしれません。また、大正や昭和になって判明した事実や著作もありますから、そのあたりも〝発見感〟につながっているのでしょう。そしてなにより、仲基を知った際に、「こんなすごい人がいたのか」と感じるからだと思われます。

ここでは、仲基と出遇った人を取り上げながら、仲基の著作の影響を見ていきます。

本居宣長と平田篤胤による〝発見〟

国学者・平田篤胤（一七七六〜一八四三）には、『出定笑語』という著作があります。もちろん『出定後語』をもじってつけられたタイトルです。篤胤は、本居宣長（一七三〇〜一八〇一）を通じて、仲基の『出定後語』と出遇います。

仲基が逝去して五十年以上後、本居宣長は『玉勝間』の中で次のような文章を綴ります（引用は岩波文庫版、村岡典嗣校訂）。

【読み下し】

ちかきよ大坂に、富永仲基といへりし人有、延享のころ、出定後語といふ書をあらはして、仏の道を論《あげつら》へる、皆かの道の経論などいふ書どもを、ひろく引出て、くはしく証《あか》したる、見るにめさむるこゝちする事共おほし（中略）いといみしきわざにぞ有ける

【現代語訳】

近年大坂に富永仲基という人がいて、延享の頃に『出定後語』という書を著して、仏教をあげつらっています。仏教の経典論釈書をひろく引いて、詳しく論証していいます。これを読むと目が覚める思いをすることが多い（中略）とてもすごい論理です。

（「出定後語といふふみ」『玉勝間』八の巻）

宣長は無相文雄《むそうもんのう》（一七〇〇〜一七六三。京都・了蓮寺の僧。悉曇学《しったんがく》の権威）を通じて、『出定後語』を知ったようです。文雄は『出定後語』を批判した『非出定』を著した僧侶です。

この宣長の記述を読んで、平田篤胤は苦労して『出定後語』を入手します。再刊もさせています。そして『出定笑語』（別名『仏道大意』）を書きます。

【読み下し】

津の国難波に、富永の仲基と申す人が有て、（中略）凡ならざるの大才を以て、仏法の経論のこらずを読尽し（中略）世間に一向その書はなかつた所を、我が師本居の翁は、いかにしてか此書を得て、これをよまれ、翁が随筆玉勝間に、かへすぐ〵称《ほめ》おかれたでござる。

【大意】

摂津国難波に富永仲基という人がいて、（中略）非凡なる天才であり、仏教の経典論釈書を残らず読み尽くし（中略）世間にはその書がいっこうに見当たらないのだが、我が師・本居宣長翁はどうやったのかわからないが入手して、これを読まれた。翁が随筆『玉勝間』に、繰り返し褒めておられる。

『出定笑語』を読む限り、篤胤は『出定後語』を仏教非難のためにだけ使っています。結果的にその姿勢は、国学者による『出定後語』の誤読を導き、後年の廃仏毀釈の理論にも寄与したと言えるでしょう。

〝仏教批判〟に利用される仲基

では少し『出定笑語』の内容を紹介してみましょう。

『出定笑語』には仲基のような文献検証の態度はなく、ひたすら仏教を罵倒する内容となっています。『出定笑語』を校注した文学者・長井真琴は「翁（引用者註・篤胤のこと）は唯々悪しざまにいひさへすれば善いといふ考にのみ支配されて公平なる判断を失つてゐる」と評しているほどです（『出定笑語　日本先哲叢書6』）。

『出定笑語』は、門人が筆記した篤胤の講演録です。「えへん」などと咳払いまで書いてあるので、そうとう正確に記述されたものでしょう。「仏教というのは稚拙だけれども、世の人々に人気があるから悪口は言いにくいのだが。信じている人々はみんな坊主のウソにだまされている。世の中のやつは本当にバカである」といった調子で話が始まっています。「釈迦がたとえ本当に尊い人であったとしても、あれは外国人じゃないか。なぜ我が国の神々を信仰しないのか。自分の親を捨てて、他人を尊んでいるようなものである」などと述べています。

インドの気候や風俗なども紹介しており、「赤道に近く、熱帯の国」「家の壁に牛の糞を塗って、乾燥させて使う」「みんな裸足で歩いている」「壺に水を入れてさげて歩き、大小便後にはそれで洗う」といった話が出てきます。また「長崎に来たインド人（篤胤は〝くろんぼ〟と表現しています）が、尻や性器を洗う壺を置いたまま帰国したら、それを拾った人が床の間に据えて花を生けたらしい」というような笑い話も語っています。

『出定笑語』というタイトルを、長井真琴は「仏教の悟りをバカバカしいと嘲り笑う意味であろう」としていますが、実は「爆笑講義」だったからこういう題名になったのではないかと思います。

いずれにしても、読んでいてちょっと嫌な感じを受ける語りです。ネットのヘイトスピーチに通じるような嫌な感じ……（私が仏教僧だからでしょうが）。『出定笑語』を読む限り、篤胤は『出定後語』が展開する立論の要諦をつかみそこなっていると言わざるを得ません。

すでに見たように、『出定後語』はさまざまな仏典を照らし合わせて、先行して成立した仏典と後年に成立した仏典との関係を探る研究です。少なくとも『出定笑語』のように、ただ単に「仏説はウソ」を主張するようなものではありません。

さて、『出定笑語』には、『出定後語』を受けて、大乗非仏説が述べられています。

一切の経をみな釈迦の説ぞと心得てをるが、その間には後人の釈迦に託して造つたるもあるが、（中略）大乗の経々の旨深げなるに惑つて、却つて小乗の経々は実事のあることを弁《わきま》えなんだものでござる。（中略）具《つぶ》さに何れが先、何れが後といふことを申し開かば、大乗の経々はもとより、小乗、阿含部も、ともに釈迦の入滅後、迦葉・阿難の輩が三蔵を結集したる時より、遥か後の世人の書いたもので、其内小乗阿含部の経々は、先に記したるもの故、十の中に三つ四つは、実に釈迦の口から出たる儘《まま》のこともあれど、大乗といふ諸の経共は、凡《すべ》て全く後人の釈迦に託して、偽り作つたものに違は無いでござる。

ここは現代語訳の必要は無さそうですね。まさに仲基の加上説です。

他にも「般若経が大乗仏典の中で一番古い成立だろう」や「小乗の経典には四大とあって、大乗の経典には五大となっている」など、仲基の説を踏襲しており、「大乗仏典は阿含部の上に加上して説を立てたのだ」と主張しています。

そして、「天晴これをよく見明らめ蔽《やぶ》りましたは、実に富永仲基が功でござる」と讃えています。

国学vs.仏教

読んでいて個人的にツボだったのは、この書の終盤にある坊主批判です。

「今の坊主どもで女犯《にょぼん》をやらぬ者はない。高僧は男色をしている。釈迦がそんなことを許したのか。十二、十三年ほど前に、江戸の遊所で坊主が大勢捕まったこともあった。親鸞などはここがわかっているから肉食妻帯の宗旨を工夫したに違いない」「キリシタン禁止の結果、坊主に宗旨改めを担当させる結果となり、誰かが死ねば坊主がやって来ていろいろ差配する。お上がこのようにしたのだ」としているところです。

実はこれを読んで、落語の「神道又」を思い出したのです。「三年酒」とも呼ばれますが、ちょっとめずらしいネタなので、ご存知の方は少ないでしょう。しかし、今でも高座にかけられています。「神道又」とは次のような噺《はなし》です。

まだ人別帳を寺が担当していた時代、大坂の茨住吉《いばらすみよし》神社で神道講釈を聞いて影響を受けた又はん。やはり日本は神道の国だ、などと考えるようになる。ある時、又はんは池田のおじのところで酒を飲んで帰って来る。ところが翌朝になっても起きてこない。家族は死んだものと思い、葬式を出すこととなる。又はんが「神道で葬式を出したい」と言っていたので、神式で行おうとするが、檀那寺の住職が認めない。みんなで協力して、無理やり神道で葬式を行い、土葬する。ところが、実は又はんが飲んだ酒は、飲むと三年間死んだようになるという中国の特殊な酒であった。土葬されたことで又はんは目覚める――。仏教側が終始悪役でストーリーは進み、最後は「神道だったから助かった。仏教なら焼かれていた」。

いかがでしょうか。宗教による死者儀礼の相違をとらえて落とし噺にしているところが秀逸だと思いませんか。

この噺は、廃仏毀釈の気運が強い時期、神道を国教化しようとした近代初期に生まれたものだと言われています。同時期には神道講釈も数多く生まれており、神道志向・仏教批判が庶民の芸能にまで根を張ったことの証左となっています。

ただ、日本思想史研究者の森和也が言うように、篤胤が活躍した時期は国学がもつ影響力は微々たるものでした。まだまだ、篤胤の思想は蟷螂《とうろう》の斧だったのです（森和也『神道・儒教・仏教―江戸思想史のなかの三教』）。

対する仏教は、幕府の行政・宗教政策と共にあり、社会的には圧倒的な力をもっていました。落語「神道又」でも、村人たちが檀那寺に気を遣って、なかなか神道での葬式にしたいと言い出せない様子が表現されます。寺請制度という宗教統制政策のため、お寺が人別改帳（現在の戸籍のようなもの）や寺請証文（旅行や転居の際に必要な証文）などを管理していたため、気を遣わねばならなかったというわけです。

江戸後期になって盛んとなった国学ですが、尊王思想と結びついて幕末から明治初期にかけて庶民の間でも拡大しました。それとともに廃仏論が盛んになったのです。もちろん仏教批判や廃仏論はいつの世にもあるのですが、幕末から明治にかけては日本の近代化という状況と相まって、大きなムーブメントとなりました。

さて、『出定笑語』を読むと、「扨《さて》また天竺の国風で、とかく不思議奇妙な事がすきで、其世間を教ふるにも、かの不可思議神通をやらんでは人が信じないから」などと、仲基の影響を受けたのではないかと思われる文化論が散見されます。篤胤の場合は、文化の相違を仏教非難の手立てに使っているところが特徴だと言えるでしょう。

篤胤は本居宣長に私淑していたのですが、宣長が儒教に強く反発していたのに対して、篤胤は仏教を排撃する傾向があるところも特徴です。

「排仏論書」という不幸な受容

現代の眼から見れば、富永仲基の論考は仏教研究にとって実に有意義なものです。しかし、当時はひどい仏教批判書と捉えられ、またその影響で数多くの仏教批判書や排仏論を生み出しました。

江戸後期の真宗大谷派の学僧・樋口龍温《りゅうおん》は『総斥排仏弁』で、排仏論者の中でもっとも憎むべき者たちとして富永仲基・服部蘇門・中井竹山を挙げています。三者それぞれの著作である『出定後語』『赤倮倮』『草茅危言《そうぼうきげん》』が問題だとします。しかし、これは森和也が指摘するように、「仲基については側杖を食ったようなもの」だと言えるでしょう。これまで見てきたように『出定後語』は決して排仏論書ではありません。

この点を森和也が次のようにまとめています。

『出定後語』の仏教史研究は大乗仏教をブッダの直説ではないとする《大乗非仏説》論に帰結するため、排仏論書という不幸な受容のされ方をした。本居宣長が、『出定後語』の所説に注目し、平田篤胤が『出定後語』を下敷きにして『出定笑語』を著したのも、『出定後語』を排仏論書というカテゴリーに追いやることに影響を与えたことだろう。

しかし、仲基は仏教を誹謗しようという気はない。ただし、だからと言って仏教のみ、あるいは一宗のみを讃仰《さんごう》しようというのでもない。（前掲『神道・儒教・仏教』）

仲基批判の急先鋒

ここまで詳しく検討してきたように、現代の視点から読めば、『出定後語』は間違いなく仏教研究書です。その内容は、まさに〝天才〟と評するに値します。

しかし当時としては、日本仏教界の大前提を崩してしまう立論だったわけで、仏教サイドからは激しい反駁が出ました。ここでは代表的な人物として慧海潮音を少し見てみましょう。

慧海潮音は浄土真宗の学僧でした。既述のように、『出定後語』の論駁書『摑裂邪網編』を書いています。『摑裂邪網編』は漢文による上下二巻の力作であり、潮音が『出定後語』を細部に至るまで精読していることがよくわかります。また潮音は広い範囲にわたる文献を論拠として示すことができる人物で、大変な博学者でした。

『摑裂邪網編』の序文で潮音は、「邪人・富永仲基は、数多くの人々を救ってきた広大な体系である仏教の意を未だ究めていない。仏典をよく読んでいるとはいえ、すべて自分流に解釈してしまっている。〝阿含経の数章だけが釈迦の説であり、それ以外は全部後の者が作った〟などと主張している」と述べています。

「そして、かつて無相文雄上人が反駁書を書いたが、あの内容では簡略であって、足りない」とも書いています。例の『非出定』を書いた人物であり、本居宣長が仲基のことを知ったのもこの文雄を介してでしたね。

『玉勝間』には、「その、ち無相といひしほうしの、非出定といふ書をあらはして、此出定をやぶりたれど、そはただおのが道を、たやすくいへることをにくみて、ひたぶるに大声を出して、の、しりたるのみにて、一くだりだに、よく破りえたることは見えず（『出定後語』が出た後に、無相という法師が『非出定』という書を著して批判しているが、それはただ自分の歩む道をおとしめられたことを憎んで、ただ大声を出して、悪口を言っているだけであって、どのくだりもきちんと論破しているところはない）」とあります。どうやら宣長が読んでも、もの足りないものであったようです。潮音ならなおさらだったでしょう。

潮音は、「破していわく。仲基が愚論、論議するに足らず（論破しよう。仲基の愚論は、論議するに値しない）」（『摑裂邪網編』上巻）や「破していわく。汝、本文を閲《けみ》せず（論破しよう。仲基は経典の本文を読んでいない）」（同前）などと非難しています。そして、

『出定後語』の各章をひとつひとつ論じています。

たとえば『出定後語』第八章「神通」については、「破していわく。汝、仏の神通をもって、幻術に混同す。鐘《かね》を呼ぶに甕《かめ》と為すに似たり（論破しよう。仲基は仏の神通と幻術とを混同している。いわば、鐘と呼称するのに甕と言うのと同じである）」（同前）としています。

このことは文雄の『非出定』でも批判されており、「非していわく。神通をもって、幻術と為すは誤りなり（否定しよう。神通のことを幻術とするのは間違いである）」とあります。そして文雄は、幻術は人を惑わすものであるが、神通は修行をつんだ聖者が体得するものであることを述べています。

また、『出定後語』第十五章「室娶《しつしゅ》」で仲基は「羅漢欲」と書いているのですが、これについて『摑裂邪網編』下巻では、「破していわく。一切経論、未だかつて羅漢欲の名、有ること見ず。何ぞ妄説を為す（論破しよう。一切経論を通じて、いまだかつて「羅漢欲」などという用語を見たことがない。どうして妄説をふりまわすのだ）」と述べています。確かに「羅漢欲」などという言葉はありません。仲基の造語で、阿羅漢のもつ欲という意味でしょう。

あるいは、「仲基は小乗と大乗を分けてしまっているが、小乗も大乗も同じ仏法であり、大乗の基盤である三十七品や十二因縁は小乗の教えである。双方は段階的な関係にあるのだ」などの批判を行っています。

大乗非仏説論と近代仏教学

そしてこの課題は、近代仏教学へと持ち越されることとなります。

近代仏教研究でも、さまざまな形で「大乗仏教も仏説である」と主張されてきました。これを仏典翻訳家の大竹晋が著作『大乗非仏説をこえて』の中で、「直接的大乗仏説論」「間接的大乗仏説論」「変則的大乗仏説論」「超越的大乗仏説論」の四つに分類しています。

「直接的大乗仏説論」とは、大乗仏教や大乗仏教経典を釈迦の直説だとする主張です。大竹はこれをさらに全体型と部分型に分けています。

「間接的大乗仏説論」は、大乗仏教は釈迦の直説ではないにせよ、教理・教学は釈迦に帰することができるとする立場で、これも大竹は法印型（仏教の旗印である三法印に符合するゆえに釈迦の準直説とする）と霊感型（釈迦からインスピレーションを受けてできた準直説とする）に分けています。

「変則的大乗仏説論」は、大乗仏教を釈迦以外のブッダによる教えだとする立場です。後代の者が悟りを開いて説いたものだとする成仏型と、後代の者が三昧《ざんまい》状態において仏と出逢って聞いた仏説とする逢仏型とに分類しています。

「超越的大乗仏説論」は、今日の研究によって阿含経もさまざまな新旧の層を含んでいることが判明した結果をふまえ、「大乗非仏説というなら、原始仏教もまた非仏説となりかねない。だから自らの信念で仏教の根本精神と出逢うのだ」と、初期仏教も部派仏教も大乗仏教も統一的に把握しようとするものです。

いずれにしても、現在の仏教学において「大乗非仏説」（大乗仏教は釈迦が直接説いたものではない）は承認されています。歴史の観点から言えば、明らかです。大乗仏教は歴史的存在としての釈迦の滅後五百年ほどを経て生まれた新しい潮流ですので。ただ、教理・教学や信心・信仰の問題としては、さまざまな議論があるということです。

すでに述べましたように、大乗非仏説も長い歴史があります。前出の『大乗荘厳経論』もそうですし、真諦《しんだい》（パラマールタ、四九九～五六九）の『部執異論疏』には「釈迦滅後二百年には大乗仏典が流通しており、『それは仏説ではない』と言う者がいた」

とあります。

釈迦滅後二百年に大乗仏典があるとは考えられませんが、かなり初期の段階で大乗非仏説が存在したことは間違いありません。部派仏教のひとつ正量部には『破大乗論』という大乗非仏説論書があったとも言われています。また、かの三蔵法師・玄奘も大乗非仏説を主張する僧侶に遇ったと書き残しています。

日本の近代仏教学において、大乗非仏説と言えば、まず村上専精（一八五一～一九二九）の名前が挙がります。明治の後半、村上は富永仲基の論を高く評価し、浄土宗の僧侶・普寂《ふじゃく》（一七〇七～一七八一）の影響を受けて、『仏教統一論』第一編「大綱論」において、大乗非仏説論を提示しました。

そして村上は、「余は大乗非仏説なりと断定す、余は大乗非仏説と断定するも開発的仏教として信ずる者なり」とします。釈迦が大乗仏教を説いたわけではないが、その後に開発発展した仏教だとするのです。

つまり、歴史的立場と教理的立場の二分を主張します。末木文美士《すえきふみひこ》によれば、「この村上の理解は、今日の仏教学でも踏襲されている」（「大乗非仏説論から大乗仏教成立論へ」）ということです。いわば一応の決着をみたわけですね。

確かに大乗仏典を読むと、初期経典より深化しているところがあるとは思います。それは空や唯識といった理論のみならず、人間観・罪・悪・救いの問題なども深まっています。

末木は「そもそも大乗非仏説論が大きなスキャンダルとなったこと自体が、他に見られない日本の仏教界、仏教学界固有の問題であろう」（同前）と語っています。チベット仏教などでは、自らの立場を単に「仏教」として把握するのみで、大乗仏教としての限定はあまりないそうです。この感覚は、私にもわかります。仏教研究としての議論はよくわかりますが、日本仏教（かなり仏教界のキワモノではありますが）の説く道が「ニセモノではない」との信心をもつ者にとってはあまり気にならない問題だったりします。

富永仲基≠大乗非仏説論

さて、ここであらためて確認しておきましょう。仲基は大乗非仏説によって仏教への攻撃を展開しようとしたわけではありません。すべて加上されてきたものであり、経典には成立順序がある、と主張したのです。仲基は阿含経などの初期仏典にも加上があると考えていました。

ただ、間違った認識の上に成り立った信仰・信心は変だ、とは主張しています。だから、夾雑物《きょうざつ》や装飾品をすべてとりはらったむきだしの宗教性を見ようとし、そしてそれは儒教・道教・仏教・神道いずれにも共通するのだと考えるに至ったのでしょう。これは現代に当てはめて言うならば、宗教多元論者の立場ですね。このところは後述したいと思います。

〝天才〟を理解した内藤湖南

近代になって、仲基を単なる排仏論者・大乗非仏説論者とはとらえず、その研究を正しく評価する人たちが登場します。

これまでも繰り返し触れてきましたが、近代において富永仲基再評価の先鞭をつけたのは内藤湖南でした。

水田紀久によれば、仲基が注目された濫觴《らんしょう》は、明治二十六（一八九三）年十月二十日発行の雑誌『日本人』に掲載された「富永仲基」という文章です（前掲「『出定後語』と富永仲基の思想史研究法」）。

これを書いたのは、その当時二十八歳だった内藤湖南でした。そして内藤は、大正十四（一九二五）年四月五日、大阪毎日新聞一万五千号記念講演会（大大阪記念講演会でもあった）において「大阪の町人学者富永仲基」を講演したのです。ここで「大天才富永仲基」といった内容が語られ、当時における仲基研究の成果の総括となりました。このことは本書の冒頭ですでに述べた通りです。

この講演の中で内藤は、『出定後語』は仏教を批評的に研究した日本初の書であると紹介しています。そしてその批評の方法論を高く評価するのです。

そして、『出定後語』を批判した無相文雄による『非出定』を、とるに足らないつまらない書と切って捨てます。そして、前出の潮音の『摑裂邪網編』も、些細な誤りはただしているが『出定後語』の根本を揺るがすものではないと判じ、こう続けます。

これをなぜ坊さん達が攻撃したかと申しますると、此人は詰《つま》り日本で大乗非仏説――大乗が仏説でないといふ、釈迦の説いたものでないといふ説の第一の主張者であります。さういふことで坊さん達が躍起となつて此人を攻撃したのであります。併《しか》し富永の研究は、大乗が仏説でないといつた所が、それは何も仏教に対し悪口を言ふためにに書いたのではない。仏教者に言はせると、仏法を謗《そし》つて書いたやうに申しまして、非常に憤慨して居るのでありますが、実は何も謗法の為に書いたのではない。唯だ仏教を歴史的に学術的に研究したいといふのであります。

このように内藤は仲基の意を読み取っています。
内藤の仲基評の特徴は、「方法論」を高く評価するところにあります。

私共はさういふ富永の研究の結果で出来た所の、その結論に感服するのではございませぬ。此人の考へた研究法に我々感服したのであります。日本人は一体論理的な研究法の組立といふことに、至つて粗雑であります。学者の中で非常な新しい思ひ付きがあつて、さうして新しいことを何か研究して産み出す人は相当にありますが、併し自分で論理的研究法の基礎を形作つて、その基礎が極めて正確であつて、それによつてその研究の方式を立てるといふことは、至つて日本人は乏しいのであります。それは仁斎でも徂徠でも皆相当えらい人でありますが、日本人が学問を研究するに、論理的基礎の上に研究の方法を組立てるといふことをしたのは、富永仲基一人と言つても宜しい位であります。

仲基の研究方法とは、何を指すのでしょうか。このことは本書の読者には自明ですね。おさらいになってしまいますが、ここもおつき合いください。そう、まずは加上の原則です。

併し富永は古来の伝統の説に囚はれないで、特別な方法を発見しました。

一「加上」の原則

特別な方法、それはどういふことかと申しますると、こゝに一つの原則を立てました。

そして「異部名字難必和会」です。

その外に多くの人が、富永の原則の尊いことに気の付かないものがあります。それは「異部名字難必和会」といふ原則です。

これはどうかすると今日歴史などを研究する人でも、この原則の尊いことを知らない人があります。これはどういふ事かと申しますると、要するに根本の事柄は一つであつても、いろ〳〵な学問の派が出来ますると、その派〳〵の伝へる所で、一つの話が皆んな違つて伝へられて来ると、それを元の一つに還すといふことは余程困難である。根本は一つの話、それが三つにも四つにも変つて来ると、どれが一体根本で、どれが変つて来たのか、どれが正しく、どれが誤つて居るかといふことを判断するのは余程困難であります。それで富永は異部名字必ずしも和会し難しと言うて居る。つまり学派により各部々々で別の伝へが出来て居るので、それを元の一つに還すことは出来にくいといふことを言ひ出したのであります。これは余程偉いことだと思ひます。

そして「三物五類」についても「それからその外に非常にえらいことを考へて居ります。「言有三物」といふことを申しました。これが富永の論理の組立」だと評しています。さらに「昨年（大正十三年）、『翁の文』が発見された」ことを紹介し、仲基が国民性や文化風土、時代の変遷にも言及していることを取り上げ、誠の道についても話しています。

この「翁の文」に特別なこの人の意見が現はれて居る所は、学説に時代があるといふことを説いて居る点であります。昔大変効能のあつた宗教なり礼儀なりも、今日では役に立たないものであるといふ、中々新しい考へであります。これは単に宗教・道徳に国民性が在るばかりでなしに、国民性の外に時代相があるといふことです。近頃時代錯誤といふことを申しますが、そんなことは富永が今から百八十年程前に考へて居りました。それで今日の我々には今日に相当した「誠の道」といふものがあるべき筈《はず》であると、斯ういふ事を考へましたので、それで神道・仏教・儒教この三つの外に誠の道といふものがなければならぬ、それが即ち今日実際に役に立つべき所の道徳であるべきであると、斯ういふことを言ひました。これが「翁の文」の大意であります。つまり国民性は時代によつて地方によつて変る、時代によつて学説が変つて来るから、時代によつて相当の学説があるといふことを考へて居ります。今まで富永の議論で知られて居ることは、先づそれだけと言つて宜しいのであります。

確かにこの時点でわかっていることを、的確にすべて話していますね。

以上をふまえ、内藤は仲基のことを「この人の研究方法は時代を超えるもの。このような研究方法はこの人から始まった。日本が生み出した天才だ」と断じたのです。

「先生は、孔孟からも解放されて、道の歴史から見るに至った。徂徠は古文辞の立場から、諸子を異端から解放したが、それでも、先王、及び孔子からは解放されなかった。先生は凡てから解放されている。独創たる所以である（大意）」と激賞します。

ここで言う荻生徂徠の古文辞学は、後世の解釈を通さず原典を読む、中国語の特性を理解した上で読む、といった姿勢を指します。山鹿素行《やまがそこう》の古学や、伊藤仁斎の古義学は、「孔子にもどれ」という傾向をもっていましたが、古文辞学では、「孔子が理想とした堯や舜といった先王にまでもどれ」とします。しかし、それは先王や孔子の縛りから脱却できなかったわけで、ただひとり富永仲基が儒教の枠組みから自由であった、と言うのです。

日本教として――山本七平の評価

富永仲基を「日本人の考え方の底流として生きつづけている思想家」のひとりと捉えたのが山本七平です。山本は、彼らしい視点で仲基を語っています。キリスト教文化圏などと比較しているのです。『日本人とは何か。』には、次のような一文があります（PHP文庫版、下巻）。

富永仲基が生きた一七〇〇年代の前半は、世界のどこへ行っても、その経典に「加上」などと言うことはできなかったであろう。この点、仲基はまことに不思議な天才といえるが、それを許容した日本という社会もユニークといえよう。

すなわち、江戸時代の日本社会が仲基を生む土壌であり、さらに仲基的な宗教との向き合い方は山本が言う〝日本教〟の源流のひとつだというわけです。

まず山本は、仲基が学んだ懐徳堂の特性に注目します。町人たちの設立した私立学校であったため、

・学校で学ぶと言っても、まずは家業第一、仕事第一だった。
・学生たちはみんな町人的合理性をもっていた。雑学的で自由闊達だった。
・免状も資格もくれるわけではない。

このような学風をもっており、まさにこれが真の学校だと山本は評しています。

そして加上の解説をした後、仲基の説をキリスト教に置き換えれば「新約聖書の『ペテロ第二の手紙』はペテロが書いたものではない」「イエスの言葉とされているものの多くも、

ユダヤ教からの引用だったり、後世の人の挿入句だったり、編集者の手が入っている」ということになると言います。「現代でもファンダメンタリストは、以上のような言説を許さないであろう」と書いていますが、その通りだと思います。

山本によれば、現代では「加上」的な分析は行われているが、それらは（西欧キリスト教社会においては）二十世紀に入ってからであり、どうにか公認されたのは第二次世界大戦後であり、それでもファンダメンタリストからの風当たりは強く、聖書学者はしばしば「悪魔の手先」と非難されるそうです。そしてさらに、「これがイスラム圏となると、一体どうなるか」「コーランは異教の諸説の加上でこの部分は実は……などと言ったらどうなるか。ラシディの『悪魔の詩』以上に糾弾され「死刑」を宣告されるかもしれない」と書いています。

いずれにしても、山本は仲基を「不世出の天才」と呼び、「聖書よりはるかに膨大で複雑な仏典に対して、彼はどのような原則で前記のような把握へと進んだのであろうか」と驚嘆しています。

また、山本七平も内藤湖南同様、仲基の方法論に注目します。「仲基の方法論はまことに独創的・現代的であり、この点ではまさに天才である」と書いています。

そして、「最後に一言つけ加えれば、日本人には独創性がないという者に対して、私は常に富永仲基を挙げることにしている」と結んでいます。

倫理学として——中村元の評価

「富永仲基の思想について、まず注目すべきことは、彼はインド・シナ・日本にわたる東洋のあらゆる重要な思想体系を歴史的に研究した最初の人であるということである」

インド学者であり比較思想研究者の中村元はこのように記述しています（前掲『近世日本の批判的精神』、以下同）。

中村は、仲基の仏教経典の原典批判的検討を、日本思想史上に大きな影響を及ぼしたと考えます。しかし、仲基の仕事には、クリアすべき大きなハードルがあり、それは東アジアの仏教独特の事情であったことを喝破しています。それは何か。

「教相判釈」です。教相判釈とは、「仏教の諸経典は釈迦一人が説いたという前提であったため、各経典間に矛盾が生じる。それをうまく解釈して、各経典にそれぞれ適当な位置を与える組織的体系のこと」です。

「彼は全勢力を傾けて、この古い組織的体系を破壊しなければならなかった」、そのように中村は言います。そして、「幾多の教相判釈の体系のうちで最も有力なものは、天台宗の五時八教判である。だから彼は極力これを攻撃した」としています。
確かに『出定後語』では、天台の五時八教に対してその矛盾を繰り返し指摘しています。もうひとつ、中村の仲基批評でユニークなのが、『翁の文』を倫理学体系の倫理学だとするところです。中村は仲基がしっかりした倫理思想をもっていたと言います。そうでなければ、あのような思想展開はできないと言うのです。

ところで思想史、ことに倫理思想史の研究なるものは、その研究者に何らかのある倫理思想があってこそ初めて可能なのであり、倫理に関する何らの反省をもたぬ人が倫理思想史を系統づけるということは、まったく不可能である。

これはさまざまな宗教者と出会ってきた筆者にとっても共感できることです。
もちろん仲基の倫理思想とは、例の「誠の道」です。中村もここについて考察しています。つまり、仲基の主張は「一言でいえば、善を為すことを教えている」（中村）のであり、この点については三教で一致しているというのです。

しかし、三教ではなく、なぜ誠の道でなければならないか、それには三つの理由があると中村はまとめています。

①「誠の道」は「行はるべき道」であり、自己を実現する具体的な概念である
②「今の世」という時間的規定
③「日本に（おける）」という空間的規定

この三つに照らし合わせてみれば、仏教も儒教も神道も、みな「誠の道に叶ざる道」となってしまうのです。もちろん『翁の文』には、「全く三教の道をすてんとにはあらじ。只その誠の道を行はしめんとなり」とありますので、仲基は単純に三教を排斥したわけではありません。宗教的権威を人間の立っている位置まで引き下ろしたのです。それが、中村が言うところの仲基の倫理思想です。

そして中村は『翁の文』にある「道の道」（人が歩むべき道としての真実の道）という概念を「倫理学体系の倫理学」と呼んでいます。

「道の道」といった表現から言えば、仲基が構想したのはメタ倫理ということになります。しかし、この場合は現代倫理学のメタ倫理論とは異なります。仲基は「何が善か」という問いを立てたわけではありません。道とすべき真実の道がある、と考えたのです。

終章　近代への〝道〟

いよいよ終章となりました。ここまでおつき合いいただき、御礼申し上げます。富永仲基と言えば懐徳堂と大乗非仏説についてもっと詳述すべきではないのか、と思った読者もおられるかもしれませんが、それについては本当に数多くの論書や読み物がありますので、むしろそちらに紙幅を使わず、仲基の思想そのものを読むことにしました。

仏教排斥論者だったのか

仲基は「加上」のことを、「自張」「練異」「貶異」とも表現しています。

「自張」とは、一派の学説を開く人物は必ず自分の主張を明らかにしているという意味です。その主張が従来の説に対して異なった点をもつのが「練異」です。またその主張の結果として従来の説を批判・貶めるのが「貶異」。『池田人物誌・上』は、「自張」「練異」「貶異」は加上の内容を明瞭にしたものとしています。

仲基はいったいどのようにしてこの理論に行き着いたのでしょうか。

おそらく、儒教の研究から発想したのだと私は考えています。

それは『翁の文』の第十一節から類推できます。第十一節は、『説蔽』の内容が書かれていると推測できます。そこには、「孔子が、当時の斉の桓公・晋の文公に対して、堯・舜による文武の道・王道を説いたのも加上だ」と書かれています。

そして、「墨子が堯・舜を尊び、夏の道を主張したのは、孔子の加上である。楊朱が、帝道と黄帝を言うのは、孔子・墨子の加上。許行が神農について説き、荘子や列子の一派が無懐・葛天・鴻荒の世について説くのも、みんな加上だ」と言い、孟子の性善説は告子の加上、荀子の性悪説は孟子の加上だとします。これが『説蔽』の内容の一部だとすれば、仲基は十五歳くらいで加上構造を使って儒教を考察していたことになります。儒教を学ぶうちにこの図式を実感したのです。

その後、仏典を精読する機会を得て、加上の論理を仏典解読に駆使して『出定後語』を完成させたのでしょう。

さらに、「三物五類」も儒教研究で身につけたものから生まれたのだと考えられます。そして、神道や仏教を深く知ることで、「くせ（国有俗）」の見解をもつに至ったと考えられます。

その意味では、仲基の本領は『翁の文』にあると言えるかもしれませんね。そして、『楽律考』からは、音楽研究者としての仲基、社会学的視点をもつ仲基の側面を知ることができます。

こうして見ると、『摑裂邪網編』の潮音や『出定笑語』の篤胤と比べて、仲基はいかにも人文学研究者ですね。潮音や篤胤は自らの信心や信念によって発言していますから。もちろんそれはそれで意義あるものなのですが、学術的には信心や信仰のバイアスがかかったものだと言わざるを得ません。

もし、当時の人たちが『出定後語』だけでなく、『翁の文』も読んでいたら、仲基を短絡的に仏教排斥者だとすることもなかったのではないでしょうか。

富永仲基研究でも知られる水田紀久は、「仲基を仏教否定論者と誤り解した緇流《しりゅう》、国学者は、ともに皮相の見しか、持ち合わせぬものと言わなければなるまい」（前掲「『出定後語』と富永仲基の思想史研究法」）と述べ、「思想の相対化、権威の無力化と、その結果起こり得る没義道との混同を、厳しく戒めた（中略）仲基こそまことの三教の徒と呼ぶにあたいしよう」（同前）との評価を提示しています。

さらに水田は、仲基を思想史研究者と見るべきであると言い、「それは、近代の仏教学者たちが評価したような、単なる大乗非仏説論の首唱というより、釈迦の教説と後世の大乗諸派の体系とが、発展的関係でつながる旨の指摘であり、経典のすべてを釈迦牟尼金口の所説とする従来の宗乗的教相判釈に、歴史的反省を加えねばならぬ旨の警鐘でもあった」（同前）とします。水田は、『出定後語』は仏教思想の歴史的考察であり、思想発展の必然性が人間の立論心理に基づいて法則的に解明されており、不朽の名作であると評価します。

前出の森和也も、仲基は廃仏論者ではなく、「三教一致論者」であるとしています。そして、「三教一致の主張」は後期の懐徳堂が批判したものであると言います。

江戸時代の思想シーンを見ると、三教一致は大きな潮流でした。中国における儒教・仏教・道教の三教一致の流れも受けて、日本では儒教・仏教・神道の三教一致論が展開されていました。これは日本仏教でも神仏習合の一環として積極的に主張した面がありました。しかし、後期の懐徳堂ではその立場をとらなかったようです。

宗教多元主義的な世俗主義

いずれにしても、仲基は三教それぞれを相対化して、合一した宗教性を見ようとしたのだと思います。これはまるで近年における宗教多元主義者の立場のようです。

宗教多元主義は、二十世紀後半、宗教研究や宗教哲学の領域で盛んに取沙汰された主張です。多元主義（プルーラリズム）は排他主義（エクスクルーシビズム：自宗教を絶対視して、それ以外の宗教に意義を認めない立場を指します）や包括主義（インクルーシビズム：自宗教の絶対性や優位性を保持しつつ、他宗教の意義を認めようとする立場を指します）とは異なり、どの宗教も並列に捉えて価値的優劣を判断しない立場のことです。

宗教多元主義の思想を展開したジョン・ヒックは、しばしば「神はさまざまな名をもつ（普遍の神がそれぞれの宗教の名で呼ばれているだけ）」「ランプはいろいろと違いはあるが、中の火は同じ」といった比喩で、それぞれの宗教が通底していることを主張しました。この点は仲基の考える宗教論に近いところがあります。

近いところはありますが、仲基の立場は「宗教を脱して世俗に立脚する」というものでした。日本思想史研究者の西村玲がこれを「聖俗の反転」と表現しています。うまい表現だと思います。

仲基は『出定後語』の中で、自分のことを「出定如来」（上巻・第一章）と称しています。そして『出定後語』を「出定経典」（上巻・第四章）と呼んでいます。

そもそも仏教は悟りの世界に入る出世間《しゅっせけん》の道です。そのための道筋が「禅定」です。悟りを開いた釈迦が禅定から出たことを「出定」と言いますが、それが『出定後語』の由来となっています。もともと書名を『出定』にしようとしていたとも言われており、「出定如来」や「出定経典」との呼称はかなり象徴的な意味がありそうです。つまり宗教聖典から聖性や宗教権威を引きはがし、世俗へ配置する営為なのでしょう。このことを西村は「中世的な信仰パラダイムから近代的な方法論への転換」としています。

仏教という複雑怪奇で理解不能な体系は、そこから脱出して俯瞰した「出定経典」でなければその姿を見ることができない、そんな思いだったのでしょう。ゆえに「出定如来」は、世俗化（セキュラリゼーション）した立脚点から仏教を説いた仲基の自負であり、脱宗教の後、世俗へと還る姿の宣言なのでしょう。

さらにユニークなのは、仲基はそれこそが釈迦の真意だったと言う点です。『出定後語』の第二十五章や『翁の文』にもあるように、つきつめれば仏教も儒教も神道も「善を為す」ことを説いている、と仲基は言います。「仲基は、仏教の多種多様な神秘的な教えは行者が禅定・瞑想中に見た幻影にすぎず、釈迦の真意は世俗倫理であるとして、仏教を非宗教化した。それが仲基の行ったことである」（西村玲）ということでしょう。

ただ、仲基の高い宗教的関心は、それゆえにある種の宗教性を帯びているようにも見えます。中村元が「倫理を語るには倫理思想がなければ不可能」と断じて、仲基の言説をメタ倫理学と位置づけたように、仲基が聖と俗との境界へとアクセスした態度はメタ宗教性として読み取れるでしょう。

仲基の倫理論

富永仲基は、宗教から聖性の仮面を剝奪して、世俗倫理へと誘導しました。その根拠となるのは、人間の理知であり合理性です。ある意味、仲基には人間の理性と自然の調和との合わせ技への信仰があります。

さて、仲基の倫理論は現代の倫理学と照らし合わせれば、どうなるのでしょうか。山本七平は情況倫理（以下、原文のママ。一般的には状況倫理）に比しています。

これは「三教の否定」というより「三教への彼の加上」であろう。一言でいえば、世俗倫理であり、同時に情況倫理であった。フレッチャーの『情況倫理』が出版されたのは一九六六年。西欧キリスト教世界はすぐれて固定倫理の国で、常に「原理原則《プリンシプル》」を口にし、それを人類普遍の原理としてきた。富永仲基にいわせればそれは欧米キリスト教社会のくせであろう。もっともこのことは、仲基とフレッチャーが同じ思想だったということではない。ただフレッチャーがその著の冒頭で引用している「『正しいかまちがっているか』という考えを単純に用いることが理解の進歩を妨げるもっとも大きな障害である」というホワイトヘッドの言葉は仲基を思わせる。(『日本人とは何か。』)

ジョーゼフ・フレッチャーによる状況倫理とは、善悪は状況によって異なるのであって、その状況ごとに何が正しいのか判断せよ、という倫理学です。原理原則に依拠する傾向にあったキリスト教倫理へのカウンターとして、また近代社会における世俗化によって生み出されてきました。その点から、山本は状況倫理と仲基とを比したのでしょう。

しかし、それだけではなく、仲基は義務論的倫理観をもっていたと思います。

今日の倫理学は、「規範倫理学」「非規範倫理学（メタ倫理学・記述倫理学）」に大別されます。規範倫理学であれば、「価値についての問い。何に価値があるか」「どのような行為を為すべきか」ということがモチーフとなります。一方、メタ倫理学では「そもそも価値とは何か」「正しいとは何か」が主題です。

既述のように、現代のメタ倫理学の概念・意味内容は、中村元が仲基を評する際に使ったメタ倫理学性とは異なりますね。中村が言おうとしたのは、仲基の思想は倫理へと向かうための倫理（道の道）という意味でしょう。

さて、規範倫理学は①義務論・②功利主義・③徳倫理に分類されます。①は、理性・合理性に基づけば善悪は選択されるという倫理です。②は、幸福・快が多い方が善だといったところです。③は、善意・公正・忍耐・共感・正直・良心・正義・思いやりなどを基準に、人間性の開花を説く倫理です。すごく大雑把な説明ですが。

ここから考えますと、儒教は徳倫理的立場であり、仲基の思想にはその面もあります。仲基が『翁の文』で語る「道」は、心学や二宮尊徳が言うところの報徳仕法的なものでしょう。至誠や勤労といった徳で報いていく生き方です。これは日本型プラグマティズムの原型であり、日本の近代化のベースとなったものです。

そして、仲基には義務論的倫理の側面も見られます。やはりとても啓蒙的な思想ですから。『出定後語』や『楽律考』は研究書ですが、『翁の文』は宗教論書であり啓蒙書です。天才・富永仲基にしては、あまりの平凡な啓蒙ぶりに、読者は失望するわけなのですが。

現代はむしろ理性の限界が強く意識される状況となっており、だからこそ人間の奥底に潜むどろどろした陰の部分を取り扱ってきた宗教へと目を向ける必要性があるように見えます。宗教が近代のほころびに対してオルタナティブな道筋を提示しているのですね。

それを含めて考察すれば、仲基の理性への素朴な信憑は、近代成熟期を生きる現代人にとってもの足りなく感じてしまうでしょう。

その眼には何が見えていたのか

以上のことを勘案した上で、ここであらためて、仲基の指し示した方向性が現代においても重要であることを確認したいと思います。

仲基の人生は、実家や懐徳堂での不遇、病気を抱えながらの暮らし、死の影、そして娘に先立たれるなど、辛苦と向き合い続けながらの歩みでした。天賦の才能によって生み出されたいくつかの著作も、きちんとその真価が認められたのは近代になってからです。仲基の研究結果が世に出た直後は、バッシングや誤読の方が多かったのです。

そんな中、なお人間の理性を信じ続け、「誠の道」「道の道」という、いわばメタ倫理の道筋を提示したのは、あっぱれと言うべきでしょう。仲基は、仏教・儒教・神道の三教から聖性を剝ぐことで抽出したもの、それは善への志向でした。しかもその思想は、その当時、世界の誰一人として見えていなかった「仏教経典の変遷経緯を喝破する」という偉業に支えられたものだったのです。

私は、仲基自身、「誠の道」の思想が凡庸であることを自覚していたと思います。『翁の文』の〝語り・ツッコミ構成〟からは、そのことがうかがい知れます。

たとえば第四部でも述べましたが、『翁の文』第六節では、翁が「誠の道」について語った後、仲基が「これらのことは、皆儒仏の書に説ふるしたる事どもにて、今更各別にいふべきにあらねども（これらのことは、すべて儒仏の書物に説かれてきたことであって）」と応答したりしています。また第七節には「人のあたりまへより出来たる事にて、